黄仁宇

地北天南叙古今

黄仁宇作品系列

生活・讀書・新知 三联书店

Simplified Chinese Copyright © 2015 by SDX Joint Publishing Company.
All Rights Reserved.
本作品简体中文版权由生活·读书·新知三联书店所有。
未经许可，不得翻印。

图书在版编目（CIP）数据

地北天南叙古今／（美）黄仁宇著．—北京：生活·读书·新知三联书店，2015.8（2024.6重印）
（黄仁宇作品系列）
ISBN 978-7-108-05370-1

Ⅰ．①地⋯　Ⅱ．①黄⋯　Ⅲ．①世界史－史评－文集　Ⅳ．① K107-53

中国版本图书馆 CIP 数据核字（2015）第 118376 号

责任编辑	曾　蕾　曾　诚
装帧设计	蔡立国
责任印制	董　欢
出版发行	生活·讀書·新知 三联书店
	（北京市东城区美术馆东街 22 号　100010）
网　　址	www.sdxjpc.com
图　　字	01-2017-6679
经　　销	新华书店
印　　刷	山东临沂新华印刷物流集团有限责任公司
版　　次	2015 年 8 月北京第 1 版
	2024 年 6 月北京第 7 次印刷
开　　本	880 毫米 ×1230 毫米　1/32　印张 9.125
字　　数	186 千字
印　　数	35,001-37,000 册
定　　价	39.00 元

（印装查询：01064002715；邮购查询：01084010542）

目 录

玉垒浮云
——书于《地北天南叙古今》卷首 ———— 1

旧业已随征战尽　更堪江上鼓鼙声

拉班追击战 ———— 3
8月14日 ———— 19
"这种敌人" ———— 42
新腊戍之役 ———— 52

锦瑟无端五十弦　一弦一柱思华年

成都军校生活的回忆 ———— 67
忆田汉 ———— 74
张学良、孙立人和大历史 ———— 86
阙汉骞和他的部下 ———— 102
附录　也谈"猛将阙汉骞" ———— 125

费公诲我,我负费公 —————————— 129

方知大藩地　岂曰财赋强

摩天楼下的刍议 —————————— 145
怎样读历史 ———————————— 154
从绿眼睛的女人说起 ———————— 159

江淮度寒食　京洛缝春衣

为什么威尼斯? ——————————— 171
重游剑桥 —————————————— 183
英伦鸿爪 —————————————— 190
斯堪的那维亚 ———————————— 199
再叙瑞典 —————————————— 209

卧龙跃马终黄土　人事音书漫寂寥

沙卡洛夫 —————————————— 233
萨达姆 ——————————————— 238
克伦威尔 —————————————— 246
霍布斯 ——————————————— 251
崔浩 ———————————————— 257
母后伊莉莎白 ———————————— 262
白修德 ——————————————— 269

玉垒浮云
——书于《地北天南叙古今》卷首

这本集子收录了我过去曾在各处发表过的二十六篇文字。最早的刊于 1944 年,至今已将近半个世纪。最迟的则出版不久,仿如昨日。虽说当中有些文字带着旅游性质,有的则暴露着个人经历,全书的范围可以概说为一个学历史的人之耳闻目见与脑内的构思。积之则提供了他的历史观之侧面背景。正因为其不拘形式可以补助有体系的文章之不足;也因为全书缺乏长篇大论,读者也可信手翻来,随时释卷。

只因为不能令一部书完全漫无头绪,与编辑先生、小姐们商量之后,将这二十六篇归纳为五类,分别为"缅甸战场的闻见"、"五十年来的抚今追昔"、"各种思想体系及其实用"、"欧游观感"和"古今人物"。只是这样的分类仍不能全部囊括各篇的内容,也无从避免彼此间的重叠,所以又各用唐诗两句为题。诗歌的好处则是放漫不拘形迹,有时则又辞句隐蓄,不全受一般修辞学的限制。

我想读者具有同感:我们今日已面临着历史上一种前所未有的局面。只举着近身一例:自从 1945 年内战之展开,已使近两百万的军民，于极短期间自大陆移居于台湾。这即已是中国历史里自洪荒以来未有的事迹。因为如此，再加以很多类似打破纪录的变故，使我们过去用以衡量历史的尺度至此大体失去效用。再瞻望着最近台湾海峡两岸人事的转变，也使我们领悟到内战之真意义并不是所谓无产阶级清算有产阶级，而是中国需要彻底改组迎合全世界潮流所带来之不得已的动乱。其中大陆的一部分因为要剔除农村里阻挡着全面改革的各种障碍，所以为患至烈。台湾这方面倒可以因利就便，只引用了 1953 年的"耕者有其田"法案再配合美援，即先期完成了一个"能在数目字上管理"的局面，能迅速地存积资本，发生了领导的作用，这不可能在五十年前一眼看清。也因为如是，当日各方面依据意识形态所写的历史也因为时过境迁，今日都亟待修订。

　　有了这半个世纪的动乱，我们也可以看出：历史之发展如仅以各人的人身经营评判，有时也确是残酷少恩。中国法家所谓"天地不为尧舜而有，亦不为桀纣而亡"的说法，也能在很多的场合上适用。可是在长期间里引用着超过人身经验的眼光看来，历史之衍进却不可能全部出诸偶然，到头也仍具备它的合理性。此中的关键在我看来即是黑格尔和卢梭所说的"公共意志"（general will）这一观念之不可磨灭。

　　大凡一个民族或一个国家遇到社会环境剧烈的变化，承受着内外空前压力之际，人民铤而走险，在此时发生战争与暴动，初看起来，必是激情多于理智。一到事后，有了前后史迹之纵深，则使我们了解当日牺牲了十万百万以上的人命，决不可能仅因少数的人一意为非作乱，其他则盲目附从。尤其因为这种行动所造成的局面几十年后尚不可逆转，更不能轻易地指斥其为一种错误，免不了当中尚有公共意志在。在这种情形之下，纵使此局面与我们个人的志趣和期望相违，我们也应当在追求真理的前提下，虚心考究其积极性格。

中国历史里虽然没有与刻下完全相同的前例，可是经过长期大幅度变动之后重新创造帝国的事迹却也有好多起，当中以秦汉帝国崩溃之后通过魏晋南北朝之一段分裂的局面至隋唐之勃兴的例子最为显著。当日法制简单，中枢的存在全靠能向全民直接地抽税。思想上的统治则依赖于汉武帝时董仲舒所提倡的"天人合一"学说以儒家、法家、阴阳家利于中央集权的教条混合一起解释而为自然法规（natural-law），再加以东汉以来注重星象图谶等神秘力量作行政的支撑。一到公元3世纪"强宗豪右田宅逾制"，亦即是将小自耕农兼并，将以前向政府当兵纳税的人收束为奴，并为"部曲"，中央政府一筹莫展。一到内忧外患兴起，各大姓更筑"坞"自卫，有了私人军事力量的根据。统一的中央政府既失去了凭藉，此期间道家和佛教思想风靡一时，也不过在注重各个人之超脱，中国缺乏有体系的组织逾三个半世纪。

我们再翻阅重新建造新帝国的程序，其历时之久费功之多，远超过以前的想像。最初主持重新统一之工作者不为李唐王朝，也不是杨隋王朝，而是北魏拓跋氏，亦即迄至公元3世纪汉亡时仍无文字无居室的游牧民族。从本书"崔浩"一篇也可以看出，当日拓跋民族利用了他们人文简单的长处，在初期汉化的过程中采取了南守北攻的政策，将其他游牧民族强迫改业为农民，构成了一个以小自耕农为主体的新国家，不到羽翼丰满不问鼎中原。有了这种基本的工作，政府才能确切地掌握到全民。以后纵再度经过分裂与合并，汉化与反对汉化的各种阶段也透过了北齐与北周，仍然由于这小自耕农为主的体系才能奠定了隋唐大帝国全体人民当兵纳税的基础。以后的租庸调制、府兵制、律令格式等等系列无不依靠这下面一个庞大的扁平体为基础。这样一来，新帝国近乎人工孵育而成。所有高层机构、低层机构及当中法制性的联系全未得到由刘汉王朝遗传过来的好处。这种亘世纪超过人身经验，也透过朝代的筹划，除非我们相信冥冥之中确有天神作主，只能称之为公共意志之所获得的成果。即像崔浩本人死于非命，在历史家的笔下也只成为了一个三等角色，却已在言行之间表示着这样一段公共意志的存在。

恐怕刻下不少的读者还没有想到，今日之中国不论是在大陆或是在台湾，也是由重新创造而产生。彼此得自满清的都很少。不仅在法律、军制、财政、税收以及思想信仰各方面都与前朝缺乏联系性；又纵算在社会价值（social value）的一方面保存了一些昔日情调，这样的价值至今已只能作为私人操守之南针，已不复为组织国家与社会之纲领。如果本世纪的初年中国还是一个"开祠堂门打屁股"的社会，迄至世纪之末已是"十年之后国民生产总值再翻一番"的社会。这也就是说，以前全靠宗族邻里乡绅保甲以传统道德保障治安，今日之中国则已进入一个带高度竞争性的世界里，以国民经济的活力为衡量国运盛衰的尺度。以当中几十年内变化之大则可以想见改革过程中动乱程度之深。

在最近十余年内，我已经在各处用中英文发表，以上的改革大致可以分为三段。国民党与蒋介石因着抗战替中国创立了一个新的高层机构。中共和毛泽东则因借着土地革命翻转了大陆农村的低层机构。于今邓小平等人则因着经济改革，有重新敷设上下间法制性的联系之趋向。要是其间功绩不归于各个人，至少要归于他们所领导的群众运动。其所以如此，也还是当中有一个中国人公共意志在。

在提出这种说法时，我当然知道我没有实切的证据为凭藉。即以上诸人尚且未曾以上述的行动作为他们自己一生事业之总汇。那我岂不是替人作义务宣传而冒犯着一个平白招讨没趣的可能？

说到这里我又不得不申明：现代历史家的主要任务，已不是"褒贬"。除了一些考据的工作之外，也不必引用证据。最重要的，他应能将已经发生的事迹，面对着现状，解释得两头合理化。如果他有了充分之理由，即应当争取主动。因为刻下之目的，不在替任何人争取历史上的地位，而是使下一代的人士明了他们自己的立足点。

上述的三段改革在中国历史里尚乏成例，在欧洲初期的现代史里却有不少类似的事迹，此间已不及一一叙及。总之则我多年的著作大都与这主题有关，当中一定有局部的错误，也容以后发现更正。这一体系之理论能够与读者见面则是每一册书内都能保持其前后之联系，各书间也能保持彼此之联系。换言之，我的"证据"即是在某种范围之内古今中外的事迹都可以穷极其因果关系，解释得合理化，也与刻下所述的改革衔接。计有：

◎ 《万历十五年》，这是传统中国政治社会的一剖面，虽说所叙的为晚期,当中组织结构之纲领,一直可以引用到上述改革之前夕。

⊙《赫逊河畔谈中国历史》,将中国历史发展的重点从春秋战国叙至明朝的登场,可是也仍引用现今改革后之立场作基点回溯前去。所以在"开场白"里提及今日中国已是"雨过天晴","完成了可以在数目字上管理的条件",中国历史"正式与西洋文化汇合"。各篇曾在《中国时报》刊载。

⊙《资本主义与21世纪》,分述历史上其他国家作类似改革的程序,已在《历史月刊》连载,单行本筹备已久,希望最近出版。

⊙《放宽历史的视界》,大致以论文的方式从明清叙述到现今改革之前后。

⊙《中国的大历史》,将以上各书内容按时间的顺序综合。也加强了明清及民国初年的叙事部分,希望能接近初学者,已由《历史月刊》及《民生报》连载。单行本预计明年成书。

⊙以上《万历十五年》已有英、法、德、日文本和大陆出的简体文字。《大历史》已出英文本,日文本正筹备中,《放宽视界》之一部已曾英译在美国期刊上发表。《赫逊河畔》希望不久可以出大陆版本。

本书也可以说是在正式论文之外提供了参考的线索。我认为读者需要了解中国在20世纪的长期革命时,不要忽视17世纪英国之经历的参考价值。这一点已由《怎样读历史》说明。即《克伦威尔》和《霍布斯》各篇也针对着当日英国发生的问题,在实践上和理论上提出了可供参考之处。

书中的《重游剑桥》、《英伦鸿爪》和《母后伊莉莎白》原系应《中时晚报》时代副刊的邀约而作,注重旅途情形,可是现在看来,也仍离不开一个教学历史的人所留下来的观感。我和内子因往英国的次数较为频繁,逗留也较久,更因着语言的方便,就有了一段稍微深刻的观察之机会,历来也钦慕这国家苦心孤诣地一意维持传统之性格。可是以最近的情形看来,此邦已愈像美国,伦敦也越像纽约。究其原因也仍是经济发展之所致。因之也回忆到1973年剑桥的人士辩论英国应否加入 EEC(欧洲共同市场)时邻居人士抗议着:"英国要给欧洲大陆吞并去了!"(England will be swallowed up by Europe!)实际上现代经济愈展开,每个国家之独特形貌及作风必受国际间接触的关系而冲散减低,影响所及甚至以前之优雅恬静和社会上合法守礼的态度也可能随着而减退。这也可以看作过去英国人士坚持"光荣孤立"之一主因。反面看来,以前有这些优美的成分在,大体上也只有社会上一部分之人士才能欣赏,此因其带服务性质之事业尚未大规模的普及化,这样的事业只专重于质量而不及在数量上全面扩充之故。即此也可想见其优美之代价大部由低层阶级单独的付出。更推而广之,中国近几十年来,过去有"文化大革命",近日又有"防治精神污染"的运动,又何尝不与类似的矛盾有关,只是提倡的人愈将实际的问题解释得抽象化,愈受意识形态的支配,愈走极端而已。

我们旅行于其他的国家也不自觉的在有些地方沾染着某些高级市民的观感(因为旅行时总是受人服侍),同时又感到通货膨胀的压迫。平心静气的想来,则领悟到现代经济之展开具有孟子所说"独乐乐不若与众"的逻辑在,总之即是无可抵挡。至此《英伦鸿爪》一篇也可以与书中《摩天楼下的刍议》同时看去。过了时的社会价值不复成为构成国家与社会的纲领，前已言之。可是我们也还是希望人类精神上和伦理上共通的长处仍能保留，作为一般人处身立世的南针。因为所说已逾越于历史的范围，故曰"刍议"。

普通我们对着历时已久，与个人的人身关系较稀之事物容易作斩钉截铁的论断，有时甚至可以在三言两语之间说得义无反顾。及至提及与我人实际接触的事物，则不容易于是的处置，有时即在下结论之际亦免不了一再踌躇。在这些地方虽长期学历史的人不能避免。既知道自己有些弱点，则只有心存警惕。写轻松而无一定格式的文章则有一种好处，可以使作者和读者同时理会到思潮的线索与矛盾之所在。可是我发表这样的文字，当然不是暴露我自己的信念不深，劝说读者对我所说不要过度认真。而是与读者共勉，接受历史之仲裁。因为我有了一段从中国社会里实地体验以后又在外彻底思索比较的机会，深切地感觉到历史上的长期之合理性不仅不能因个人情绪上的反应而取决，多时尚超过小范围内我们自以为引用理智所作的判断。《为什么威尼斯?》从长沙车站牵扯到缅甸丛林，又从威尼斯河上的红绿灯提及里昂教学的明烛，也是贯彻我历来的宗旨，将眼光放宽放大。有了大范围、长时间、远视界的历史眼光之后才敢说五四运动之后中国的知识分子，不容再构成一种特权阶级。《从绿眼睛的女人说起》也保持类似的观点，其重点则在指出历史上西方人士所提出之"自由"与"个人主义"有了很大的差别。

我认为世界上所有国家的现代化，无一不企图用商业管制的方法代替过去以农业作主的管制方式。这样的法制能够付诸实施要在所有的经济因素概能公平而自由地交换,一经施行,则以私人资本为主体并且尽量保障其牟利的体制为资本主义,在内中渗入公众的资本,也借社会之福利之名目限制私人财产的体制则为社会主义,两者只有相对的不同,无实质上基本的差别。至于完全不承认私人财产的权利,虽称为共产主义,只有"原始共产主义"、"乌托邦共产主义"和"战时共产主义"三种实用上的形式。第一种见于初民社会,第二种由私人团体组织,却始终没有一个长久存在的例子。第三种形式见于苏联及中国大陆,现在看来,也只是非常期间经济动员的一种办法,不能长远的立足,否则不会引用今日的经济改革。

在我研究各国进入现代化的过程中,通常以其能进入"在数目字上管理"的局面为转捩点。一般的在达到这局面之前,需经历到大规模的变乱与暴动,可是也有极少数的例外。1990年我们参加李约瑟研究所的第六届中国科技史会议后,去挪威、瑞典、丹麦巡行一周。书中也有两篇文字,记述在斯堪的那维亚半岛所见之外,涉及这三国的历史。这三个国家能避免上述大规模的变乱与暴动,由于她们能够向外大批移民,也能够在开发她们的资源时与外间各国的经济配合,如丹麦之全面以畜牧业代替耕种,挪威之开发水电,瑞典之利用木材与铁砂都发生了决定性的功效,至此也使我们更感到地缘政治的重要。至于斯堪的那维亚国家能如是,何以中东的国家有原油则不能如是,当中也值得考虑。又这两篇文字成稿之后,挪威极受人民爱戴的国王奥拉夫第五已逝世,王位由太子继承,瑞典放弃了不参加国际组织之宗旨，申请有限度地加入欧洲共同市场。

书中叙人物的两篇《萨达姆》和《沙卡洛夫》可算与现代政局接近，一方面也由于我仍在不断探试将中国长期革命的史迹归纳为世界历史之一部的后果。既提及世界史，则不能只以西欧美国和日本的圈度为限。我希望读者和我保存一段共识：彼此都相信今后很多待开发的国家之去就，仍有左右我人对中国现代史所作结论之可能。这样的可能性对历史学家赋予相当之压力，一方面强迫他们扩大视眼，立即仓皇对付在本人专长之外准备得不充分的问题，一方面又觉得无可推诿。要是我们所讲所说，对当前世界上发生的大问题毫不相关，则要它何用？此中矛盾，已在最近《历史月刊》（1991年8月号）所作《从拉吉夫·甘地被刺说起》提及。

不过全书内一大部分，则是一方面参考已刊印之文字，一方面引用我个人人身经验，说明中国利用抗战而构成新体制的高层机构之情形。举凡《成都军校生活的回忆》、《忆田汉》、《张学良、孙立人和大历史》、《阙汉骞和他的部下》、《白修德》各篇都有对这题目发挥之成分。其重点则是"无中生有"。当日国军之军令、军政、军训、军需、军法全非旧式农业社会所能支持，当中种种捉襟见肘的情形，半世纪之前尚且不能公开道说，只是置身重庆、成都、西安、柳州、桂林、贵州和昆明的人士应当有切身的了解。今日这最基本的史实，也不容我们属于左派或右派或前进或顽固可能倾倒或遮盖。当时很多人对国军的批判，大体忽视历史上之背景。刻下将这些详情公布，其目的尚不是掩过饰非。只因为中国近代史里的积极性不予以表彰，所写出的"历史"只有一片呻吟嗟怨满纸谩骂,其实这并非历史,而系作者本人对历史狭隘之反应。

《阙汉骞和他的部下》有替我自己矜夸的嫌疑。"旧业已随征战尽"的大标题下重印了四篇四十七年前的旧作,也难能避免批评。然则我既已早就说明我的历史观与个人的人身经验互为出入,中国历来的群众运动尚待将其积极性表彰,我就想不出有何理由,有将自己年轻时参加这种群众运动之详细情形隐瞒的必要。何况文中还提到不少我所景慕的中下级军官。在这卷首即介入缅甸战场之所见,则是树立本书风格,使读者体会我所说实践的意义,了解我研究历史时注重社会下层所产生决定性的力量之由来。虽说这几篇文字稚气在所不免,现在也不予更动,除了部队番号已据实提出之外,其他全部复制如当日之刊载。

至于我有机会写这样的文字,则因1944年驻印军反攻缅甸时,我和另一位上尉参谋朱景熊(亦即《8月14日》中的"小朱",现在台北)同任前线观察员,多时随第一线部队出入前方,每日以副总指挥郑洞国将军的名义以密码向重庆统帅部提出报告。《拉班追击战》是我任务之开始。前线观察员行动自由,不受部队长约束。朱景熊和我的报告,也无人检阅,径送电台,但具副本向驻雷多的副总司令备案。只是我们成为了高级将领的耳目,必须实践的对报告负责。也真料不到这一年多的工作,构成了我几十年后作历史从业员一种极严谨的训练。

当然的,战场上的艰苦与残酷不尽如这几篇能在战时大众刊物发表的轻松。我曾在八莫附近看到一个阵亡的日兵,还如生前一样的坐在机关枪掩体之后,面上却黑黝着的盖满了苍蝇。我曾在孟拱河畔看到被火焰放射器烧透过的阵地。还有几具直立在战壕内的尸体虽然脸上已烧得一团红黑,却仍因着眼眶与下颊留下的痕迹显示着最后一分钟吁天的情景。我也曾爬上被敌人四七平射炮射穿的战车,也真想不到,弹速如是之大,它们在一英寸半的装甲上所戳洞,竟像截洞机在纸上所截圆洞的完整,圆周全部光滑,内外的边缘也毫无残留多余的钢铁和裂痕。我不禁以手指循着一个圆洞的内壁旋转,想像着当时官兵油煎火化的光景,和装甲兵称他们的战车为"铁棺材"之由来。不过这已与主题越说越远。除了在《为什么威尼斯?》流露了一些个人的情绪之外,这一切只能留在其他的地方发表了(假使还有此需要的话)。

阙德基先生所作《也谈"猛将阙汉骞"》以传统传记手法写出,和《阙汉骞和他的部下》着眼于当日军令、军训、军需都未上轨道时各人挣扎的情形不同,但是两人能互相印证,也更正作者若干错误,兹征得阙先生同意附载并列,谨此向阙先生致谢。

最后我感谢各刊物的编辑先生小姐们,也珍重的体念到他们和她们让我抽出各篇出专集的好意。

1991年8月30日于纽普兹

10月16日校排后补订

旧业已随征战尽　更堪江上鼓鼙声

拉班追击战

击破敌人的抵抗线

3月下旬，我驻印军争夺杰布山以南的隘路，与敌十八师团残部发生激战。3月21日开始于康捞河北的阵地攻击。持续达一周。敌我常常在几码，甚至一株大树之下胶着。丛林中，隘路内，敌人坚强工事之前，既不能展开多量兵力，也无从施行细密的搜索，我新廿二师六十六团奋勇以冲锋枪、手榴弹——寻求敌人步兵与之接战。该团过去在腰邦卡，曾经以一敌六，创造以劣势兵力获得辉煌战果的奇迹，这一场战斗，更使该团的军旗生色。双方的火线由二十码而十码，推至五码，甚至接触，重叠，交错。而这样一条犬牙交错的战线，随着敌我的接近，因为攻守两方战斗精神的旺盛，以致处处开放着投掷兵器的弹花。战斗最惨烈的两日，步兵勇士连续以手榴弹投入敌人掩体的火口内，但是被敌人在未爆发的瞬间拾着投掷回来。在某一处工事之前，相持达几十分钟。3月26日，我军攻击敌加强中队阵地一处，敌官兵九十七员顽强抵抗，战斗结束，我军发现敌尸九十四具，残存三人狼狈逃遁，某班长拔出刺刀作飞镖，中其中之一人。27日，六十五团继续攻击高乐阳附近的阵地，团队长是一位勇敢、好沉思，主张出敌意表的将才。他的攻击准备射击，耗用了近两千发的炮弹，然后找到敌人阵地的弱点，施行中央突破及分段席卷。28日敌人不支溃退。十天之内，我军为敌掩埋三百具尸体（计算敌军伤亡当在一千以上）。掳获敌炮四门，轻重机枪十二挺。

同日一一三团迂回至敌后的一支队，以及密里尔将军统率美军相继到达敌后交通线上。虽然敌军在以西的丛林内另辟了一条汽车道，但是主要抵抗线既被击破，侧翼又受威胁，不得不望南逃命。29日之后，我军开始纵队追击，30日清晨，超过交通要点沙杜渣，一日进展约十英里，步兵在丛林战中有此速率，实在令人敬仰，以致30日午间，我们以指挥车追随至六十五团后面，久久不见第一线营的踪影，为之深感惊讶。

找到窦营长

那天，我们到第一线营去。

我们午前11时由六十五团指挥所出发，一路经行山腹，路幅宽窄无定，路面又未铺砂石，车行非常不便。沙杜渣以北，辎重部队的驮马不绝于途，车行速率不能超过五码。这条路上还没有经过工兵搜索，半点钟以前，一匹驮马正遇着触发地雷，左前蹄炸掉了，尸骸委曲地躺在路侧，地上一摊鲜血。驾驶兵换上低速排挡，眼睛不停地注视在路面上，左右摆动着方向盘，处处吸动着车上人员的神经，使我们感觉着若断若续的紧张。

沙杜渣是孟拱河北渡口的一片林空，原有的几十家民房，只剩焚后的屋柱，与附近弹痕寂寞对照。但是这些战场景象与丛林内的尸堆相比，则感觉得太普通，太平常了。

车子沿着渡口弹坑转了几转，我们进入了孟拱河谷。

这一带树林仍旧很密，路左是孟拱河的西岸，碰巧在一堆芦草空隙处，可以望见西阳山（Shiyang Bum）上的晴空。

路上几百码的地方没有一个行人，我们好容易遇到一个通信兵，但是他也不知道第一线营的所在："刚才还在前面一英里的地方，现在恐怕又推进了。"

道路笔直，好像森林里面开好的一条寂寞小巷，路面松软，车轮在上面懒洋洋地走着，丛林里面各种飞禽与昆虫很活跃。

在孟拱河第一道河曲处，我们终于遇到了一群祖国的战士，但是他们并不属于第一线营，他们是一一三团派出的敌后支队，他们在两个星期之内，爬经三千英尺的丛山，迂回三十英里，经过人类从未通过的密林，自己辟路前进。在河东岸，他们以机关枪奇袭敌人的行军纵队。在河西岸，他们掳获了敌人一部汽车，击毙了敌人几十名，前面一百码的地方，还有敌人遗弃的尸骸。他们正拟北进沙杜渣，不期在公路上与六十五团会师。他们的任务已经完成，正待接受新命令，但是，他们已经快三天没有吃饭了。

这些弟兄们精神体格非常之好，他们正在打开罐头，填塞着空了三天的肚子。有的已经坐在道旁，燃着一支香烟。这里隔第一线营不到三百码，已经听到前面的机关枪声音，我们跳下了汽车，果然在道左树林下面僵卧着两具敌尸,苍蝇飞在死人的面上,酝酿着一种奇臭。

我们到了第一线营,战士们散开在公路两旁,右面森林内,相去不到五十码,第六连正在向西搜索,不时有几声步枪,有时有三四发冲锋枪的快放,敌人三八式步枪刺耳的声音,夹杂在里面。

"屋务——"

敌弹弹头波正在冲开空气前进,可是道路上往来的通信兵、传令兵和输送兵都是伸直腰很神气地走着,我们也学着挺直着腰。

在一棵小树下,我们见到了闻名已久的窦思恭营长,他是第一位率部至敌后,首先以寡敌众的青年将校,同行的郑参谋替我们介绍。

窦营长告诉我们:发现正前面敌军一处掩护阵地有两挺机关枪,第六连正在与敌人保持接触。左翼孟拱河可以徒涉,已经与隔岸友军联系好了。右面森林里还有敌人的散兵和狙击手,第六连正在向西搜索。右侧敌人另外辟了一条公路,可以走汽车。这方面友军还在我们一千码后面。

郑参谋另有任务,将指挥车驶回去,我决心留在营指挥所看看战斗的实况,约定请他明天日落时候派车来接我。

阵地之夜

现在我看到他们的指挥、联络与战斗了。

傍晚,第一线连搜索兵回来报告:"正前方两百码公路两侧有敌人，携有机关枪，右侧森林里有敌人，右前方草棚里面也有敌人。"营长决心在附近构筑工事，准备明天拂晓攻击；一声命令之下，几百个圆锹、十字镐，向泥土内挖掘，有些士兵拿着缅刀在砍树杆，准备作掩盖。

我卸下了背囊与水壶，坐在背囊上与窦营长安闲地谈着。

我发现窦营长有一个奇怪的习惯，他喜欢把钢盔在布军帽上重叠地戴着，到了没有敌情顾虑的时候，就把钢盔拿下来，用不着再找布帽。还有，他的步枪附木上有一处伤痕，后来我才知道是泰洛之役炮弹破片打中的。

"敌人很狡猾，今天晚上说不定要来夜袭。"

"我很希望能够参观你们的夜战。"

电话铃响了，通信兵接着，将耳机交给营长："窦先生，第六号要你讲话。"

我在旁边听着，窦伸过手来，对我说："黄，请你把航空照片给我。"我从图囊上把航空照片递给他，依旧听着。

"喂！你是六号吧，喂，你前面应该有一片林空，大概三十码长，五十码宽，有没有？通过前面第二个林空就是拉班了……有房子没有了？……河左边有一道沙洲，有没有？……还看不到吗？你们隔拉班只有两百码。六十四团还在我们后面一千码的样子，今晚上你们要防备敌人夜袭……茅篷里面还有敌人？……喂，你等一等，我自己来看看。"

窦放下电话机，对我说："黄，你在这里等一等，我到第一线去看看。"

"我很想跟你去看看,不会妨碍你吧。"

窦戴上了钢盔,一面说着"没有,没有……",我已经跟在他的后面,更后面,还有窦的两个传令兵。

我们彼此保持几步距离,沿着公路前进了一百七十码,到达第六连的位置。这里有一座茅篷,右边有一处林空,和航空照像完全吻合。前面五十码还有一座茅篷,敌人的机关枪就在缘角射击。右前方突然一声"三八式",弹头波震动着附近的枝叶,我们的步枪和机关枪马上向枪声起处还击,枝叶很浓,看不见敌人。

窦指示了连长几句,我们依旧还回营指挥所。

夕阳照着河东来去的运输机,这家伙正在树顶五十码的低空投掷给养。枪声较稀,伙伕蹒跚着送了饭菜,美军联络官也来了。

我们在小树枝下打开饭盒,里面有咸肉与豆荚,联络官带来了啤酒,他用小刀把啤酒罐弄破,啤酒泡沫溢到罐外。

就在这时候,前面很清脆的一声,窦的传令兵叫着:"敌人炮弹来了!"我们卧倒,尽量地使身体和地面平贴。

"屋务五务——"弹道波浪很尖锐,然后"空统"!炮弹在我们后面一两百码的地方爆炸,爆炸的声音既清脆又沉闷,丛林里面有回响,还听得着几根枝干的断折声。

第二炮比第一炮落得更近,敌人在修正弹道。

炮弹一群一群的来了,敌人山炮连在施行效力射,空中充满了弹道波,一百码以外,落弹爆炸声音堆砌着,我仿佛看到孟拱河的河水在震荡，但是河东的给养飞机依旧在盘旋。

窦贴在地上和部队在通话，我回头看去，我们的豆荚和啤酒，在我们匆忙卧倒的时候都打泼在地上了，我拾起一个啤酒罐，罐内的液体已经只剩三分之一。听敌人火身口的声音，还是四个一群的在吼。

入暮以后，炮声较稀，我们嚼着冷饭与剩余的咸肉，窦一面吃饭，一面和美国联络官讲话：

"McDaniel 上尉，你要升少校了。"

"我一点也不知道。"

"他们都说，你下个月就要升少校。"

"或者——或者可能。"

"为什么要说或者呢？"大家都笑。

送小炮弹的货车，为贪图倒车容易，一直开到敌兵出没的林空里去了，副营长和传令兵张大着嗓子叫他回来："你们上去送死呀！"但是驾驶兵居然在林空里将车子倒了一个转，很敏捷地开回来，防滑链条打在地上铛铛的响。

暮色更浓，森林虽然经过一天枪弹炮片的蹂躏，还是表现着一种幽静阴沉的美。

我和窦睡在一个掩蔽部内，面上手上都涂了一层防蚊油，一只蚂蚁跑进我的衣领，我想去抓它，身体蜷曲着不能翻转，感觉得很苦恼。现在枪声炮声同时来了，我们的前面，右面和后面都有机关弹在射击。

今晚敌人果然来夜袭，我们岂不是占领着一道背水阵？

敌人炮弹虽然都落在我们后面，我又记起窦营长的一句话，"如果敌人炮弹多的话，或者会沿着公路来一个梯次射"。

　　背水阵，梯次射，这些念头不住在我脑内打转，我又记起今天是3月30日，明天31，后天就4月1日了，掩蔽部外面电话兵唠唠叨叨的在炮火下利用电话空闲和同伴谈着不相干的事，五码之外，步哨叫着"哪一个"？我感觉烦闷，潮湿空气令人窒息，瞧着窦一会听电话，一会翻过身又睡着了……

　　那一晚没有夜袭，也没有背水阵和梯次射，我那阵烦闷的情绪不知在什么时候渐渐平静下去，我的呼吸渐渐均匀，也就一睡到天亮。

第二天早上

　　第二天早上，是3月最后的一日。

　　拂晓攻击没有实施，敌人都后退了；但是我们搜兵前进了不到一百码，又和敌人接触，掷弹筒，"三八式"，从树叶丛里飞过来，我们也回敬以冲锋枪。半小时内，前面射击得非常热闹。

　　电话铃又响了，第一线连报告："正面敌人后退了一百码，右侧翼没有敌踪。我们斥候向西搜索半英里，没有发现敌兵，也没有发现六十四团友军上来。……"

　　"正面敌军非常顽强，我们前进，他们射击得一塌糊涂，我们一停止，他们藏起来一个也看不到……"

　　窦决心亲自到第一线排去视察，我跟着他一同去。

我们有了前面林空的一半，第一线连已经逐渐渗透至右侧林缘，一路大树根下，都有第一线连的急造工事。左边公路与河岸相接，河岸有几棵大树，一堆芦草，我们可以看到河里的草洲。这就是拉班，地图上用大字写着的LABAN。我真奇怪，地图上的家屋，这里连踪影都没有，这里只有几座茅篷，看样子还是新近修筑的。

机关枪和小炮射击手对着公路上和林缘的出口，小迫击炮弹药兵正在打开一个个弹药筒，他们表现得那么安闲和镇静。

邱连长引导我们分枝拂叶地到了第一线排。弟兄们卧倒在大树下面，有的把橡皮布晾在树枝上，还有人吸着香烟，树干上两公尺以内都是枪炮刮穿侵透的弹痕，偶然还有"三八式"刺耳的"卡——澎！"我真羡慕这些祖国健儿们安之若素的态度，这时候说不定可以飞来一颗枪榴弹和掷榴弹，说不定会掉下来一串机关枪的弹雨。恐怕这几个月来的阵地生活，已经使他们不知道什么叫做紧张了。

"这前面二十码的茅篷里面就藏着敌人，——"邱连长指向前面。

我蹲下去只看到丛林里面一团青黑，或者最黑的地方就是所指的茅篷，但是看不到敌人。

我看到营长给连长当面指示，说话的时候两个都站着，去敌人只有二十码。

"我想敌人正面虽然宽，当面敌人没有几个人了，我们得马上攻上去，无论如何得把道路交叉点先拿下来。第五连配属一排给你指挥，警戒右侧翼。——你小迫击炮弹够不够？……"

"够了。"

"你尽管射击,我叫他们再送几百发到营指挥所,——要是右翼李大炮他们早一点上来更好。迫击炮我亲自指挥,山炮连的前进观测所就在你们这边吧?你叫他们延伸射程——"

"请给我一个救急包?"

攻击开始之后我跑到炮兵观测所,那边靠孟拱河很近,左右都很开阔,是观战的理想地点。

我看到他们一个个前进停止,看到他们射击,同时敌弹的弹头波也在我们头上成群地飞过去,我们选择的地形非常之好,对直射兵器毫无顾虑。

敌人知道我们步兵脱离了工事,开始向我们炮击。

"屋务五务——嗤!空统!"第一炮在我们后面两百码处爆炸。

"屋务五务——嗤!空统!"第二炮在我们前面一百码处爆炸。

这两发试射的炮弹既然这样接近,显示着敌人已经选择这一片林空附近做目标。一群炮弹落在营指挥所的右侧,一群炮弹落在前面树林里,一群炮弹落在正前面空旷地,带给了我们塞鼻的烟硝味,一群炮弹落在后面孟拱河里,激起了几十码高的水柱。

我们冲动而忍耐的蜷伏着,但是炮兵观测员和炮兵连长正在听着敌火身边声音,他们对着射表讨论,然后:

"三二〇各一发——三一四各一发——二九八各一发!"指示我们自己的炮兵阵地。

我们的听官确实应接不暇，敌人的炮弹有山炮、重炮和迫击炮，现在我们的炮弹群也充塞在空间了。

冲动着，忍耐着，蜷伏着，四十分钟之后，敌弹才离我们远去，我瞧着一位受伤的弟兄，头上缠着救急包，口内不停地叫着哎哟，三步两步的经过我们的位置。另一棵大树之下，一位弟兄伤了背脊，他静静地俯卧着，战友们帮他撕开背上的衣服。还有一位弟兄腿上沾满了鲜血，身体靠在歪斜的树干上。他的一身都不能动，但是痛得将头部前后摆，眼泪淌在面上，我看着旁边的士兵替他包扎，我问他：

"你们救急包够不够？"

正在帮他包扎的士兵抬起头来："有吗，请你再给我一个救急包。我的两个都给他们用掉了。"

我分了一个救急包给他，这时候担架队已经扛着沾满了新痕旧印血迹斑斑的担架跳着跑上来。

这一次攻击，我们前进了两百码，迫击炮连一位班长殉职。刚才还是一位勇敢负责的干部，半点钟内已经埋葬在阵地的一端。第六连也阵亡了一位弟兄。

不知道什么时候下了雨，一点一滴，落得非常愁惨，我冒雨跑到那位班长的新坟上去。林缘附近，士兵们正在砍着树木，增强新占领的阵地。刚才用作迫击炮阵地的地方，现在只剩得纵横散放的弹药筒和刺鼻的烟硝味。前面很沉寂，只有几门小迫击炮和小炮，为了妨碍敌人加强工事，半分钟一次的盲目射击着。

阵亡者的武器，已经给战友们拿去了，坟边只剩着一个干粮袋，里面还剩着半瓶防蚊油……

雨落得更大了，一点一滴掉在阵亡者的新坟上……

那 一 晚

那一晚我并没有回去，森林里面我听到右翼六十四团的机关枪和手榴弹越响越近，快要和我们并头，部队长因为雨声可使行动秘密，又加派了第一营另辟新路到敌后去。这都是很好的消息，我想再待一夜。黄昏之前我打电话给郑参谋，叫他不用派车来接我。

相处两日，我和营长以下树立了很好的感情。我才知道我们的军官都是面红红的像刚从中学校出来的男孩，但是事实上他们比敌人留着半撇小胡须好像都是兵学权威的家伙不知要高明多少倍。我看到这些干部早上挤出牙膏悠闲的刷着牙齿，或者从背囊里拔出保安刀修面，我才知道，他们并没有把战斗当作了不得的工作，仅仅只是生活的另一面。

起先，我总奇怪，这些弟兄们作战这么久，怎么一身这么洁净？后来我才知道，他们任务稍微清闲或者调作预备队的时候，就抽出时间洗衣，一路晾在树枝上，随着攻击前进，至晒干为止。有时候看到他们吃过早饭就将漱口杯紧紧的塞一杯饭准备不时充饥。有些弟兄皮鞋短了一只，一脚穿上皮鞋，一脚穿上胶鞋，令人触发无限的幽默感，也令人深寄无限的同情。部队里的工兵和通信兵，技术上要求他们紧张的时候松弛，松弛的时候紧张，而他们也就能够做到那么合乎要求。……

一位弟兄分给我一包饼干,我知道他们自己的饼干都不够,但是他们一定要塞在我的手里:"这是上面发下来,你应该分到这一包!"

另一位弟兄帮我培好掩蔽部的积土,然后笑着说:"保险得很!"

那一晚我有我"自己的"掩蔽部,窦的两个传令兵找了很多迫击炮弹筒,替我垫在地面,筒上有一层桐油,我再不感到潮湿,我把背囊里的橡皮布和军毯,学着他们一样,好像在钢丝床上慢慢地铺得很平,再不想到背水阵和梯次射,很安稳地在枪炮声里睡着了。

桥底下的大尉

早上,我爬出掩蔽部,在朝气里深深呼吸,抬头看到四月份的阳光。

窦和他们的士兵忙碌得不得了,我们的重炮、山炮、重迫击炮、轻迫击炮一齐向敌人射击。第一营开路威胁敌人已经成功,又和我们并肩了,我们准备奋力一战。

昨天炮弹落得最多的地方,今天是我们迫击炮阵地,我看到射击手将鱼雷形的重弹一个个向炮口内直塞,然后这些怪物以五十多度的发射角直冲而去。敌人炮弹也不断向我们飞来,五码以内,窦的传令兵拾起来一块两英寸长的破片,生铁的温热烫手。但是这时候每个人只想着如何发扬我们的火力,每个人都竭心尽力于本身的工作,大家都感觉得敌弹的威胁轻微不足道了。

射击手依然将炮弹一个个塞进去，炮口很顽强地一个个吐出来。这时候只少了班长；班长长眠在炮盘右面三十码的地方，已经经过十六小时了。

步兵勇士们好容易耐过炮战完毕，现在是他们活跃的机会到了。他们长驱直上，前进了五十码，一百码，一百五十码，我们越过那几座茅篷。昨天，我们还仅仅看到河上草洲的一个角，现在我们已经在草洲的右前面。第一线连还不断地在推进，机关枪和手榴弹震动着丛林内的枝叶与孟拱河水。

右边丛林里发现一具敌人的尸体，我和窦的一个传令兵去搜索，我们彼此掩护着前进，恐怕遭敌人的暗算。进林十码处我们看到两顶日本钢盔和一顶军便帽，草堆上躺着一具敌尸，颈上腮旁都长着一些胡须，绿色军便服上凝结着血块，机关枪子弹穿过他的喉头和左胸部，地上一堆米饭，一群蚂蚁……

我拾起那军便帽，里面写着："×××——四七七部队"（以上×××在原文刊出时，曾载当时阵亡日兵真实姓名。现本避去不录）。

传令兵把他的尸体翻转过来，在他的身上找到两张通信纸，上面写着："菊八九〇二部队第二中队"，此外在一个小皮包内找到长崎什么寺的护身符和一块干硬了的牛肝，那牛肝是什么意思，我至今还不懂。

传令兵很怅惘，没有他所要的日本卢比和千人缝。

我们回到公路上。一棵大树，被炮弹削去了一半，地上躺着一个士兵的尸首，破片打开他的脑部。传令兵打开他的背囊，背囊里还有一箱重机关枪子弹，看样子是弹药队跃进的时候被炮弹击中的。翻开干粮袋，干粮袋里有一包白锡包香烟和一包饼干。

传令兵拆开饼干，一面说着："昨天发的饼干都还舍不得吃，现在又打死了。黄参谋，你吃不吃？"

我默默地摇了摇头。

我们继续前进。沿途看到担架队抬下来几位负伤同志，我们又穿过两个林空，循着公路向右转，跨过一座桥，桥底下歪倒着一个敌人的尸体，头浸在水内。

好容易追上了第一线连，全身装具弄得我汗流浃背。

邱连长给我看他新俘获的一枝手枪：

"你看见桥底下的尸体没有？"

"看见的，头还浸在水内。"

"这是敌人的一个大尉，手枪就是他送我的。"

树枝上晾着水湿的地图和日文字典，这也是桥下大尉的遗产。

我得了一个大尉领章和一张十盾的日本卢比。

前面还在推进，机关枪还在怒吼。

敬祝你们攻击顺利

缅北四月的气候是这样的毫无定算，午前还是大晴天，午后就下倾盆大雨。我没有找到汽车，只好包着橡皮布回去，路已经被雨水冲为泥坑了。

我在雨中蹒跚着回去，离前线渐渐远了，雨声里，还听到敌人向我们步兵阵地不断炮击。

　　窦营长，邱连长，六十四团，六十五团，新三十八师第一一三团，一步一步离你们远了，但愿你们攻击顺利，早达孟拱！

1944 年 4 月 10 日寄自缅北

4 月 21 日、23 日、24 日重庆《大公报》

贵阳广播电台播送

8月14日

8月14日,中美混合机团的朋友们在印东基地庆祝空军节;他们邀请我们去玩,我们一窝蜂似的涌去了。

一到那边,我们才发觉他们几十个队员们住在草地的帐幕区内,连一个勤务兵也没有。我们这一群内还有两位将官——龙师长和盛书记长,他们自队长以下给我们以优渥的招待,忙得每个队员都当差,我们感觉得不安之至。于是我们到外面乱跑免得太麻烦他们;朱参谋找到了一位飞行员是他军校时候的同学,他们去谈空军里的生活去了;小钟到飞机场去看P-47;我不知如何钻进美国帐幕区,我被一位照相专家吸引住了,他说他是航向员,照相不过是玩玩,但是事实上他担任拍摄全队的生活照片。

等到回到他们的餐厅时,朱参谋已经收集了很多资料,他就在一角落向我们广播,他说:这些队员都在美国受过训,他们的待遇不过和陆军差不多,他们自作战以来还只掉过一架飞机,没有损失过一个人员,他们的军士级人员都戴人字臂章,和美国军士一样,不过质地是红的。

他们的中国队长是吴超尘,最近才升少校。我说好像在哪里看见过他的名字,但是记不清在哪里了。这位队长身体不高大,说话的时候也是柔声柔气的,和美国队长(也是一位少校,他的名字我忘记了）的粗肥体格成一个强烈的对照。说到这位美国队长，令人不大相信他是一位飞行人员，看上去年龄在三十五岁左右，体重起码有二百五十磅，眼睛是大而蓝的，面颊是红的，就像一位惯喝啤酒的中年人。但是他的精神非常好，工作效率非常高，那天，他自己就亲自率机群去轰炸，听说他历来常常如此。

还有中国方面的张副队长，是一位热情流露在外面的东北青年，他曾亲自驾车邀我们参加庆祝会，并且一块去找新六军商借军乐队和向汽车兵团请业余剧团参加表演。所以我们好像很熟，真想不到这次一晤面，我们就生出了这么多事。当时他又替我介绍他们队里的作战参谋崔上尉，崔上尉是"八一四"以来的老将，他和我们谈淞沪和武汉时代的古战场，以及后来在成都驾轰炸机逃警报的险遇，他又感慨地说，他们在陆军里的同学，都当少将了。我们很同情地说，我们觉得你现在的地位比陆军少将好。

在他们的餐厅里我们还认识了美国方面的作战参谋（他们叫做OPERATION OFFICER）西格菲司上尉，这是一位浅褐色头发，淡蓝眼睛的小孩（大概二十二三岁），他不大说话，但是他的精力到处想找地方发泄，看着他静静地坐在那儿，可以窥见他的内心正在想着什么激动的玩意。后来我们听到人家说：他是十四航空队里的出色人物，他有炸沉敌人十四条舰艇的纪录。但是看他的样子不过是一个带稚气的青年，顶多不过是一个棒球选手而已。

九点钟左右，他们集合升旗，什么东西都是双份：中国国旗，美国国旗，中国空军旗，美国空军旗，中国队长和队员，美国队长和队员，中国和美国军士，跻跻跄跄，站满了一大坪。所不同的，我们有两位将官率领着我们观礼，他们没有；他们找来了几位美国飞行护士小姐，我们这边没有。

升完旗之后就举行纪念仪式，这种仪式单调而冗长，完全中国式的。一下稍息，一下立正，美国带队官不懂这些礼节，就只好看着中国队的值星官动作，有时候也不免做错，而适得其反。太阳越晒越厉害，演讲的越来越多，美国朋友们听不懂，也耐不惯，有些顽皮一点的军士就慢慢地，很自然地坐在地上了，还有些也不报告，就径自走了。这里可以看出中国人的刻板严厉和美国人的活泼随便。我不在这里讨论哪一个好，我只记得去年，我们在德里参加联合国日的时候，全典礼只有国旗，军乐队，五光十色的制服和轻快的纵队行进，没有一个人演讲。我觉得，我们国际性质的集会里所有的仪式还是轻快一点的好，就是纯粹中国人的集会里，最好也弄得简单一点，请演讲的时候尤其不要把所有有地位的人都拖出来应酬一下，因为在台底下肃立听几小时的味道实在不好受。

好容易典礼完毕，我们回到餐厅，崔参谋告诉我，他们今天下午还有任务，恐怕要派飞机出去轰炸。很早以前我就希望有机会随机观战一次，因为地面战斗我已经看得够了，总不能脱离那一范畴。空战、轰炸，这是多么有刺激性的节目！五千英尺的灵感，高速度里的偶然性，简直要使我们心醉！恐怕那天是中国空军节，他们对于观战的座席特别慷慨吧。我们和崔，西格菲司商量，西格菲司去请示，回头他告诉我们，陆军方面的同事们如果想去观战，你们可以去五个。

他还把左手五个指头伸出来，用中国话讲："五个！"那一下使我们高兴得几乎跳起来！

朱和小钟还在帐幕里休息，我跑去大惊小怪地告诉他们："喂，他们去轰炸，我们可以坐他们的飞机去，还有座位，你们去不去？"

他们当然说去，我们六只脚板劈劈颇颇地跑回餐厅，马上跑去报名。五个人已经足数了。第一个是吕德润，那时候他还在军部兼秘书，他比我们先来一天，到此的目的就是随机出征。此外就是我们三个和凌课长。凌课长天性好动，好奇心比任何人大。据说在雷多的时候，无论是谁的车子，也不管开到哪里去，只要给他碰到了，他总要跟着去，这次，他更没有不去的道理。

西格菲司一定也很赞成我们这种莽撞，但是他笑着说：

"你们四个人可以随着编队参加中空轰炸，一个参加低空轰炸……"

他的话没有说完，凌课长抢着说："那么我参加低空轰炸。"

西格菲司接着说："低空轰炸是去破坏腊戌附近的一座桥梁，炸完就走，非常危险……"但是凌课长接着："Me —— Low —— Altitude。"

我想和他妥协："课长，西格菲司上尉讲低空轰炸很危险，你是一个课长，出了事不大好；并且，我这里有照相机，让我去算了吧，拍几张照片回来大家看看……"

但是他一干二脆的坚持着："我去低空。"

我真后悔在雷多的时候不该把空军节的消息告诉他，假使在平时，我一定要和他争执辩论一番。但是现在许多人面前，他是中校，我只有尊重他的意见。于是他一个人参加低空轰炸，我们大伙参加中空轰炸，事情就是这样决定了。

指挥车停在餐厅外面，他们说吃完就出发，并且要快，所以我们那一顿午餐，极尽狼吞虎咽的能事。这一次轰炸要飞行三个多钟头，我不知道是多吃东西还是不吃东西好。加以没有参加低空俯冲轰炸的机会，多少有些不快，那一顿饭更吃得莫名其妙了。

刚出饭厅，看到凌，朱，钟，每人借了一件飞行员的皮夹克，我也不知道是哪里借来的，仓促之间，我也借了一件毛绳衣，加上我自己的毛绳衣，想总也可以对付了。后来我才知道完全用不着，这三小时内，我们连穿一件毛绳衣的需要都没有。在野人山一带飞行时，我们坐上 C-47 也飞一万三四千英尺，那天我们最高却只飞到一万一千多英尺，有许多飞行员始终穿着一件薄薄的白背心，就像在雷多区开卡车一样。

现在，我写这篇纪录的时候，虽然事隔多月，一切印象如在昨日。我记着人员坐满了小指挥车，大卡车小卡车的簇拥到司令台下，有的攀在车沿上，有的坐在引擎盖上，和电影里看到的毫无二致。下车到布告处，每一组飞行员，航向员，通讯士和射击士的姓名已经用打字机打好钉在布告板上（都是用罗马拼音），连我们观战人员也在内。我赶紧找人介绍认识我那一组的飞行员，名单上写的 K.L. CHANG，后来我才知道他叫做张广禄，我又赶快记住他的面孔，是一位眼睛眶很深，头发墨黑的青年。那时候大家聚散在走廊上，我随时注意着张的行踪，恐怕一下出发找不到人，把我遗忘掉了。

那天九架飞机参加中空轰炸，轰炸的目标是MOHNYIN村内敌人的仓库和军事设备。那时候中英部队正沿着铁道线前进，MOHNYIN是敌后三十五英里的一个重要补给站。九架飞机内，有三架是美国人驾驶，其余都是中国人员。我再看名单：小钟排在美籍人员的飞机内，我们四个人外，临时又参加了两个观战者，这是特别党部的邹干事和新闻记者乐恕人君，西格菲司用铅笔替他们添上去了。小朱由一架飞机换到另一架飞机上，理由是：他高兴坐在他老同学飞的飞机上，西格菲司也用铅笔替他改了。

我只知道他由一架飞机换在另一架飞机上，殊不知他由我们这个编队换到旁的编队！当初派遣轰炸腊戍铁桥的时候，决定只有西格菲司上尉单机去，所以也只有凌课长一个人去观战。到午餐之后，我不知道他们决定再加派一架，正好由朱的同学驾驶，这一更换，朱也跟着到腊戍去了。在那一阵更改的混乱里他们没有告诉我。事后朱说，他自己到上飞机之前也不知道是低空炸腊戍铁桥，现在，我想他是知道的，他的同学一定和他说过。大概是远征腊戍，又是俯冲轰炸，他恐怕好机会给人家竞争去了，所以只说换一个座位，就悄悄跑到两架编队里去了。我一直到轰炸归来吃晚饭的时候才知道这回事，当时后悔得要搯自己一顿。我想：我首先发起参加空军节，又首先提议坐轰炸机观战，现在头等座位一个也给人家坐去了，两个也给人家占去了。到后来几天，我才知道他们坐头等座席可增加了不少的麻烦。

我那样想看俯冲轰炸，因为我看过一套富于刺激性的照片，影写着一架俯冲轰炸机接近目标的情景，各影片的距离是两千英尺，八百英尺，四百英尺和两百英尺，但是从俯冲投弹到拉高，不是照片、电影或者文字所可以表露的，像很多类似的场合一样，真实要体味到这种动作的经过只能凭感觉。所以，从上车到出发我还苦苦央求凌课长和我换一换座位，一方面他不会答应，我也知道这种央求为徒劳。

　　位次组别排好，到地图室里听美国队长讲解任务。这一间房子，有黑板，有讲台，有一排排的座位，和满壁琳琅的航空照像，和我们常见的教室没有两样。美国队长当讲师，旁边还有一位翻译官当通译。大概这种任务他们是常去的吧，所以没有多少可以再讲的。我只记得他规定投弹时飞行高度是五千英尺，进入目标时角度为一百多少度，什么情况解散队形，什么时候集合，我又记着他叮咛如果有敌机拦截一定要记住飞机的式样或种型等等。

　　我们真的出发了，崔参谋领我们到降落伞室领了坐式伞和钱袋。这钱袋里面密密地缝着九十六个银币。在缅甸，盐糖、布、线、鸦片和硬币是可以收买人心的东西，也只有这几样东西引得起土人的兴趣，我们学着他们把钱袋系在腰上，多少有点好玩的心理，假使我们真被击落，像半个月前他们队里的一组人那样，跋山涉水的逃命回来，这九十六个卢比就是我们的旅费。

　　于是我们再爬上卡车，各就各位的到停飞机的掩体里去了。卡车经过一飞机的位置，坐在顶上的人大声叫着飞机的号码，车子停一停，这一组人跳下车来；到另一架飞机，又一组人下来；到第三次是我们这一组，航向员刘，射击士马，都相继跳下来，我跳下来的时候，他们帮我接住降落伞，这时候我看到飞行员张，通信士，和另外一位射击士也从另外一辆车上下来。

一架B-25张开肚子伸着三只脚停在那里，地上都是敷着凿孔的钢板。这种B-25，初看上去是很不顺眼的，引擎比翅膀还要长，头大身体瘦，满身枪炮林立，后面还是双尾舵。但是，它是世界上最好的中型轰炸机之一，第一次轰炸东京就是它干出来的。它要飞上云天的时候，才特别有一种美感。这时候刘又告诉我：它现在还在一天天的改良，它们姊妹的名称有，B-25A，B-25B，B-25C，……B-25E，又还有B-25E1，B-25E2……新型的一架架比老型的好。你看过劳森上尉著的《东京上空三十秒》没有？比如说：他的B-25上面就有副驾驶手，我们的没有。

张和他的三位军士在摘炸弹上的保险丝，我也弯腰跑到炸弹下一看。怪不得他们摘了那么久还没有摘完！他们替飞机挂了这么多炸弹！不过我又感觉怀疑：都是这种轻迫击炮弹大小的家伙，用到敌后去轰炸到底有没有价值？后来再想：缅北的目标多半是没有多少抵抗力的村落，有这种炸弹的杀伤力和破坏力也就够了，他们的选择是不会错的。

飞机场上遍处引擎响，友机一架一架的起飞了。张广禄催着他们："快一点，他们都起飞了。"但是只怪炸弹太多了，摘保险丝也不是一件容易的工作。

在那九架飞机里，我们大概是第八架起飞的。我跟着他们从机腹的小门里爬进去的时候，感觉得一切都新奇。在机头部这间小舱里，有飞行员、航向员和炮塔上的射击士。机腹的通信士和尾部射击士另外有一间小门在后面。假使不怕麻烦的话，前后的小舱里也可以爬行。当然，设计这种飞机的工程师没有打算还有一个人观战，所以我没有固定的坐席和无线电耳机。我把几具降落伞在张和刘的正后方搭成一个舒服的沙发，把毛绳衣垫衬着凹处。座位刚弄好，张已经把飞机滚到跑道上。没有多少时候就起飞。他们机内人员没有什么通话，司令台上怎么叫张起飞我听不到。我那时候注意到的：这种飞机起飞比运输机简便，调整旋率就很快；他们说，轰炸飞机的跑道比运输机要长，但是我看他们只在跑道三分之二的地方就升空了。

现在我想：我们同来的伙伴们都已升空，马上就要编队了。飞机继续爬高，向左转，又继续爬高，刘已经把起落轮收进了机腹。向上一看，蓝天如碧，气候真是再好没有。我们左边有两架，右边还有四五架友机，我们的飞机赶上左边的一分队里去，好，已经赶上了，这一分队的机长是美国飞行员，他的飞机上涂着美国标帜。这两架僚机却漆着青天白日的国徽，尾舵上也保持着中国空军惯用的蓝白条。但是每架飞机的鼻子上却都涂着他们这一队共同的队标——一条龙跳起来向着旭日。这就是中美空军混合团，我想平常人家说与盟友并肩作战，没有一个单位再比他们确切了。

那位美国队长，那么胖的身材，那么庄严的面目，也亲自驾着一架飞机向敌阵飞去，令人有滑稽之感。又转了一个圈，飞机更升高了，看到下面的帐幕只有一块橡皮那么大。九架飞机都到齐了，开始振翼向东而去。但是各分队还是自己为单位飞着，分队间的距离起码有好几千码。

张广禄望着他的长机飞，他的工作很麻烦，有好几十个仪表要看，又有这么多操纵具，头还要向左扭着，以便和长机保持间隔和距离。长机隔我们真近，尾塔上的枪手看得清清楚楚，要是我认识他的话我一定可以和他打招呼或者做鬼脸。张广禄的颈力真强，我要像他那样把头扭上几个钟头，恐怕以后一辈子都摆不正了。

底下巴马布特河在望，公路上各城镇像一幅地图样的摆在那里。在这种编队飞行里面航向员比较闲，刘就和我写出飞过每一村落的名称。他有一大幅航空图，和一只胶质角度板，手里还有一枝铅笔，因为他们航向员随时都要准备用数学。机顶枪塔射击手马应龙老是旋转他的座椅，在没有飞出印度以前，对于敌机倒用不着那样顾虑，但是也要防备万一。况且他的胶质枪塔上没有遮阳板，现在太阳晒得正厉害，所以他口里的口香糖嚼个不停，坐着的转椅也旋转不停了。

里多区和附近那些空军基地，都一飞就过去了，现在我们在山上飞，高度虽然增加，但是并不冷。我觉得轰炸机比运输机还要平稳，速率快了好多，这是感觉得到的。飞上野人山的时候，三个分队稍微密集一点，但是还没有像飞机与飞机间编队的那样密集。并且右边那个分队就显然要比我们飞得高。

到孟拱以后我们飞低了点。这片天空，连一点云彩都没有。下边的铁道线，右边的英道吉湖，以及铁道两边的山，与地图没有两样。我们的队形更要密集了，并且沿着铁道线飞。我们就是这样进入敌人的上空！恐怕我们这样大模大样一来，敌人已经在MOHNYIN放警报了。我回想这几年来，我们到处躲警报，到处都碰到敌人的飞机嗡哎嗡哎呼啸着从天边出现，提心吊胆地看着他们投炸弹，现在易地而处，倒也大快人心！我虽然不是空军人员，瞧着张广禄他们在这里造一点祸害也可以平一平我们的气。我希望敌人的战斗机出现，我记着张副队长讲的，我们九架对他们九架毫无问题。这十五挺枪炮发射起来不知道是怎样景况，突然敌人的机关枪穿进机腹可又怎样惊心动魄！我希望他们干一场，但是我希望他们不要把飞机给打掉下去了。我也希望看一看敌人的高射炮，但是又觉得不大好，我们队形这样密集，高度又不到两千码，高射炮打来一定有损伤……

我正在胡思乱想，航向员刘递过来一张纸条："进入敌境。"

这时候身体的反应和在地面进入敌人机关枪射程内是一样的，心跳加快，各种印象虽然一样清晰，但是好像在脑部升高了一点，这时候自己讲的话音调和语气纵然和平常一样（别人可以听不出破绽），但是自己听去觉得不驯熟。假使你对"预期的突然的不幸"想象得更多一点，你会露出马脚，而会被人称为懦夫。事后想去，这种情景是很可笑，有趣，而且愿意再度尝试的。在飞机里面所不一样的是机械与枪炮上的操纵要求一点思考，不能将全部脑力任直觉发展，空军人员，心理上与生理上也经过一番选拔；引擎的响声多少也给人一种安慰。

张广禄仍旧扭着颈子飞，马应龙的枪塔仍旧在左右摇摆，我们可以看到战线的痕迹了。在这走廊内，有一条铁路，有一条和铁路平行的公路，此外，交错着一簇簇的丛林和一片片的开阔地。刚才我们过来的时候，那一截公路上车辆还是很多的，现在这边一点活动的痕迹也没有了。我们看到丛林里突然出现的烟雾一闪，那是我们的炮兵在射击（那几天，新一军的炮兵正在英军步兵后面协同作战），我尽眼力瞧去，希望看到下面的步兵勇士，但是没有看到。再飞过去一点，看到一簇树林正在燃烧，火焰很猛烈，连绿色的树叶都燃着了，竖起来的烟柱有两百码高。我用右边的友机做陪衬，对着这丛林烈焰和默默的铁道拍了一张照片，但是距离太远了，又没有滤色镜头，后来冲晒出来看不出什么。

又再飞过去了一点，队形更密集了。我再看下面，这附近有很多村落和林空，但是没有一个地方不是重重叠叠的掉遍了弹痕，他们对这些地方可真费了一点劲！

太阳还是那样出得神气，天上还是一点云彩也没有，向南蓝天半壁，哪里有敌机的影子？今天的空袭大概是很平淡的。

"HOPIN"，刘用铅笔在他的纸上画着，并且要我看那下面的村子，这是一堆竹房子，当中夹着几栋漂亮一点的房子，统统炸坏了。我点了一点头。

"MOHNYIN"，刘又写好了，老远就用指头指在机窗上要我看，他的指头一直摆在机窗上摆了好久，我知道他的心神一定被目标吸引了。

等到我们可以比较详细的看到 MOHNYIN，长机的炸弹门已经打开了。我们对着一座白色的小塔直飞。现在可以看得更清楚：房子很多，有几座比较新式的建筑，还可以看得清黄色的围墙。就在这时候，长机里掉下了三颗、四颗炸弹（我的注意力完全集中在长机上去了，刘和张在那边做了些什么动作我不知道），一下炸弹脱逸了我们的视线，底下围墙内外烟灰突涌出来了。我记得很清楚，我听不到爆炸音响；但是小钟以后坚持着他听到，或者他是对的，因为他坐在机腹的枪座附近。

没有几秒钟，队形已经飞过了 MOHNYIN，飞机还是向南飞，又飞了几秒钟，整个队形向右大转弯，因为我们是左翼分队，各个飞机的动作都看得清清楚楚，那一下真好玩。队形向西，向西北，折转向东北，难道丢了这几个炸弹就回去了吗？不，刘在纸上回答我，"还要再来一次"。不过这一旋回转动得真大，几乎又跑到孟拱和英道吉湖上面来了。队形还在大转弯，于是，太阳又在右前方，我们再沿着铁道线向西南飞。

刘再写了一个骇人听闻的纸条给我："敌人高射机关枪向我猛烈射击。"因为我们在机头部，只能看到正前方的下空，那里一点动静也没有。此外也看不到听不到什么，所以我几乎不相信；我在刘的纸条上添了两个字"现在？"他肯定的点了点头。一直到后来回到基地，我才知道敌人的一颗枪弹居然射中了我们一架飞机，幸而没有伤人，只在尾部枪塔的透明胶片上划开了一块。——敌人的前置瞄准量计算得太少了；假使他们能够把这点也修正，集束弹道钉死了我们的队形，恐怕会有几个人不能安全回来。当时我没有耳机,不是刘告诉我,我根本不知道这回事。小钟坐在机腹上,他们能够看到曳光弹向飞机上钻,不由得把头部后缩。

我们又到了目标上空,刚才投的炸弹还有三个火柱在燃烧着。

我突然想起:我忘却了一件大事。我们飞机上没有投弹瞄准器,我们依着长机的指示投弹;但是我们的投弹器在哪里?我再写着问刘。他回答我:"看飞行员左手的大拇指。"我一眼看去,张广禄的左手在操纵杆上的方向盘上,这种方向盘和汽车上的不同,只有半个圆周,上面有枪炮的按钮。在半圆左边的末端上有一头漆着红色,只要用大拇指在这红色上按几下包管有几个敌人在下面倒楣。

炸弹门早已打开,第二次投弹开始了。长机投出来的炸弹到处都是,一下甩了一大把,张广禄也开始捺着红捺钮。这种轻弹投出来没有电影里所拍摄的好看,不能够像中型弹一样一个个很整齐,很均匀的在空中排成一把梳子才开始下坠。他们一出弹库,就纵横都有,前面飞机投下来的好像要碰在后面飞机上,突然钻下去变得看不见了,然后那黄色围墙内外又突起了烟柱、灰土,与火花。在阴处着发的炸弹还能看到火花一闪。

张继续捺着,把飞机上七十几个炸弹都投完了,开始跟着队形再来一个向右大转弯,这次真的回去了。

这三点多钟的飞行,兴奋与好奇的满足可以抵消疲乏而有余。回到基地,大家跑到中枪的飞机附近去观光,那位枪手,刚从千钧一发的机会里死里逃生，现在很神气的和人家谈着当时的奇迹。这一切和我们在4月中参观战车部队的战斗一样，恐怕技术兵种的快乐也就在这里。

吕德润说有一点，但是只有一点点头晕。小钟提议我们司令部观战的人员照一张照片，我说："等小朱他们下来再照吧。"我们这时候才发觉小朱已经瞒着我们到腊戌去了。

他们由西格菲司领队，西格菲司飞行，张副队长担任航向，还有三个美籍员兵在一架飞机上，凌课长就在他们机上观战。朱参谋坐在他的老同学的飞机上，他们一飞机都是中国人。

他们本来和我们一样，准备吃过饭就出发。不知如何油弹员把炸弹挂错了，统统挂的小炸弹，但是他们的目标是钢骨水泥的铁桥。他们只好换炸弹，每个飞机挂了六个五百磅的大家伙，所以到两点钟才起飞。

本来，我们希望他们在日没之前回来，他们没有回来；我们想等他们吃晚饭，吃晚饭的时候也没有回来。空军节的节目还是照常举行，他们全队的中美官兵在一块聚餐，餐后汽车兵团的剧团表演评剧。他们队里的人都很自信，认为不会出什么事。他们说："或者油不够，他们降落在旁的机场去了。"

"假使那样，会不会有消息通知这里？"

"我想会有的。"

到七点半，就是降落别处，他们也应该加着油飞回来了。我们总觉得不大妥当，在会场里脸上发热，我和钟从剧场里退出来，坐在草地上看着满天星斗，空气新鲜，凉风四起，不时有飞机来去。我们没有说话，默默地听着引擎声响，但是只有失望，这时候挂着红灯来去的都是运输机，并且没有一架在这个机场降落。

剧场里的锣鼓声不绝，到九点钟，我们相信他们不会回来了。在脱衣服睡觉之前，我们脑子内幻想出一幅飞机触山着火的图画。

到第二天，消息杳然；第三天，消息也杳然。他们的行踪，似乎是一个谜。被敌机击落螺旋下坠了？我想象着尾旋以前，没有失去知觉的一秒钟心内是如何震骇！在黑夜里触山？那幅可怕的图画又浮现在眼前。他们还有一线希望——被迫降落，但是公算是非常少。还有一种可能我们不堪想，被俘，我们假定他们是不会被俘的。

我们的公报已经宣布 8 月 14 日轰炸缅北军事目标，两架飞机失踪；但是敌人的广播里并没有说击落我机。失踪！他们很正常的很平静的和我们一块吃午饭，吃过午饭就是这样一去不复返吗？盛书记长说："我们想到张副队长，印象是如何的深刻……"他们说，空军方面已经去信通知失踪人员的家属。我们又想到凌和朱，崔参谋很惋痛地说："这次对你们陆军方面的两位同志真抱歉。"

冒着大雨回营区的时候我在胡思乱想：空军的生活像一团梦，军人的生活像一团梦，整个人生的生命又何尝不像一团梦！这时候钟的看法比我坚强，他说："他们不是每天都在这种机会里来去吗？这算什么！我们没有后悔，如果还有俯冲轰炸的机会我们还是要去。"

一到营区，凡是参加轰炸的人都受到申斥与责难。我和小钟所受的尤其空前，我又比小钟受得厉害。

我们在司令部的餐桌上谈着他们的生死，大家把他们生还的可能性渐次核减，后来的结论：只有百分之一的希望。但是怎么会两架飞机同时不回来呢？怎么敌人不广播呢？这是不可解的谜。

这团疑问到两个礼拜之后才得到解答：凌课长从昆明拍回了一个电报，他说：他们的轰炸是"功成机毁"，朱参谋一行，被迫降落在怒江西岸的敌后，他跳伞降落在云南景东县境，跋涉才到昆明。最后，他说在候飞机再来印度。

五天之后他果然回来了。深夜，我们听他讲故事。他们两架飞机很平稳地飞到腊戍，根本就没有敌机的影子。到腊戍以北，看到公路上有敌人的卡车行驶，西格菲司点了一点头，就俯冲下去对着他们扫射，可以看到车子停了，引擎冒烟，两三个人从车上跳下来四散逃命。

他们又继续南飞，在腊戍北两英里找到了他们的目标。这桥是钢骨水泥造的，大概有二百码长。仔细一看，不只一座桥，旁边还有一座木制便桥。两架飞机就依次俯冲下去投弹，一直离地面只有四百英尺。每次投两个炸弹，在第一次投弹的时候，只炸中了钢桥一端靠桥础附近的岸边。第二次投弹的时候，感觉得炸中了，并且感觉到高射机关枪对着飞机直射（飞机大概就是这时候负伤的），西格菲司已经又把飞机拉起了。再旋一个圈，看到后面一架飞机正在俯冲，下面尘土烟硝和水花四溅，钢桥已经炸得不知去向了。第三次他们结束了木制便桥。但是，不幸的是，他们每次旋回和俯冲都在同一的空间，所以给高射部队算中了，两架飞机都负了伤，飞机上的人并不知道。他们又在敌人的一座司令部内外扫射了一顿（西格菲司每次回家总剩不了什么弹药），才开始向印度回航。

向西北飞了十分钟，朱参谋那架飞机飞不动了。西格菲司绕了一个圈回去，知道他们飞机受了伤，就给信号给他们，并且决定不回印度去了，折转东面向云南境内飞。那架飞机居然也跟上来了，没有五分钟，又落伍掉在后面。西格菲司再回去，他们大吃一惊！落伍的飞机已经在一块林空上强迫降落了。这时候没有办法，只好低飞向树林里扫射了一阵，掩护他们着陆。暮色苍茫里，看到他们几个人跑出飞机，匆匆向林内藏匿。这时候西格菲司的汽油也不多，天又快黑了，只好单机向云南飞去。

过了怒江，他们的飞机也发生故障，螺旋桨轴沙沙作响，汽油不够了，飞机场还不知道在哪里，最后决定跳伞。在黑夜里，西格菲司将飞机旋回着，使跳伞后彼此的距离在一个圆周上，不致彼此太远。射击士首先跳，飞机上有这种紧急门闩，拔开的时候连门带梯子都一块掉下去，但是那天拔开了门还不掉，射击士就站在门上一跳，连人带门掉在无边的黑暗里去了。

现在轮到凌课长跳，他叙述当天的情景时，特别指着我说："哼，你还要我不去，让你去，恐怕你去了也要大伤脑筋。"

他鼓起满腔勇气才跳出去，按照规定默数了四记才拉伞，在半空里荡了几分钟秋千，口里的水突涌出来，看到下面一片漆黑，疏疏落落的几点灯火，还不知道是否敌境，又不知道地面情形如何，不觉得心头冷战。他晕过去了，不知道什么时候，"扑通"倒在大地上。他腰部负伤,幸亏不重,当晚裹着降落伞在山上睡了一夜;第二天在山上乱跑了一天,到日暮才知道到了云南景东县。又经过一天才被村民带到一个小村落,三四天后,西格菲司、张副队长和几个军士也都一个个被引到那里。大家都是第一次跳伞,差不多都是很轻的跌伤。

他说:朱参谋不久也要跑回来的。

朱参谋也跑回来了,他的精神特别好,带回来的是腰部一枝左轮,和一股眉飞色舞的神气活现。

叙述炸桥的时候,他们埋怨西格菲司。他学着他同学讲的:"西格菲司不知道厉害,一出任务,到了目标上空就舍不得回来。"不过在投弹扫射的时候,他们并没有这样感觉,只认为很好玩。就在那几分钟内,他们的飞机吃了亏,自己还不知道。所以他们又继续扫射了好久,还打算向印度飞。

飞到腊戍西北二三十英里的地方,左引擎的滑油管漏油,尾座枪手爬到前面通知他们,他们已经知道了。这下子惟一的办法是关闭左引擎,因为继续再飞下去,飞机会着火燃烧。这时候因为操纵得很好,飞机还很平稳,所不幸的,因为马力打了一个对折,飞机不能升高,而前面正是几千英尺的高山。

他们开始丢东西,没有用完的枪弹炮弹,都丢下去了,无线电机也拆下破坏甩掉了,还是徒然,他们减少的重量有限,而飞机机械能力的损失太大。

西格菲司飞回来,作信号叫同伴向中国方向飞,他们也希望折向东飞之后，或许山要比较低一点；但是，不行，还是一座高山横挡着去路，他们的飞机又掉下几百英尺，于是他们才决心强迫降落，地点在新维贵街附近，滇缅路以西的一片空旷地内。

刚一掉下来，差不多每个人的头部，尤其牙齿和下兀都碰得流血。四面八方，也不知道是敌军还是土民，一大堆人呼啸着抢上来，而他们只有一枝手枪。幸亏西格菲司在上面一扫射，这些人逃的逃，躲的躲，才给他们一个出险的机会。

他们扯开了降落伞，里面有一块巧克力糖，几把刀，钓鱼钩和绳子，绸制缅甸地图，以及特种地形的求生须知的小册子（里面有怎样辨别花果的毒性，以及如何捕捉和烧烤猴子的方法）。从那天薄暮起，他们开始昼伏夜行。看地图上，只要走两天就可以过怒江（但是他们走了一个星期），所以他们决定安分守己的各人咬着降落伞内特别为遇险设备的巧克力糖，不打算再麻烦缅甸土人，也免得人家再给他们麻烦。

那几天晚上都下雨，他们没有睡什么觉，也没有穿过干衣服。逢着有人住的地方就绕过去，遇着人的行踪就躲起来。走了两天，才脱离了人烟稠密的地区。

那一带有很多树林与荒山，他们拿着那本求生须知，上面画着有毒无毒的野果，但是他们连一个有毒的果子也采不到，一只鸟，一个猴子也没有，钓鱼吗？他们只过了一道河，河上滩流湍急，没有淹死已算万幸，再不敢打旁的主意了。

到第四天，他们实在饿得忍不住了，跑到荒山上一个独立的茅棚子里面去行劫。但是结果又只有使他们失望；里面只有一个老头子，连话都不会讲，什么都没有，他们只好把老家伙绑在柱上又逃。

到当天黄昏，他们潜伏在路旁茅草堆附近，准备猎取过路人的食品。看着一个人穿着青衣青裤走过来，他们准备掏出手枪，看着对方没有敌意，才把枪放下。但是真奇怪！这是一位云南人！他们马上跑上去，四面围着他，自称是游击队来打日本人的，现在钱很多，但是要弄一顿饭吃，当时就给了这位同胞五十个卢比，并且要他把饭送到河边树下。——他们指定了一棵树。

那一点钟等得真心焦，肚子饿得发慌了，饮食的诱惑使他们不能不等着。万一这位"同胞"出卖他们（缅北这一带很多民族杂处，很多人会说一点云南话），岂不是自投罗网？是他们太饿了，只好拿性命和这同胞的信用作一孤注的赌博。

赌博是胜利了，赢得的是一盆饭，一碗肉丝炒豆芽，一碟臭豆腐。他们马上狼吞虎咽，黑暗中，六个人用手在碗碟里乱抓，掉在地上就连泥灰也吃掉了，我们的云南同胞在旁边看，他从来没有瞧到如此吃饭的人！

这位同胞说出几句话才使他们惊心动魄。他说：现在附近村子里都很忙；日本人要他们捉六个人。

朱参谋马上问："怎么要找六个人？"

"早天掉下来一把飞机，六个骑飞机的人。"

飞机的单位用"把"，坐飞机的动词用"骑"，已经是闻所未闻。他们再瞧瞧自己，刚刚六个，每个人都穿着飞行皮夹克，不觉忍住了笑，朱参谋又问：

"那把飞机已经掉下来了，要捉这几个骑飞机的人不是很容易吗？"

答复还是令人可笑，但是态度仍旧很诚恳："那六个骑飞机的人一下来，另外来一把飞机打机关枪，后来又把他们接上天去了。日本人不信，还是要捉。他们说：中国飞机还要来，现在每家出两个人，抬木头去堵住那块空坪。"

现在我们猜想：朱和他们着陆的时候，土人已经看清楚六个人。后来西格菲司一扫射，土人跑散了，再去看：一把飞机还在，六个骑飞机的人已不知去向，所以说是给飞机带跑了。

至于日本人，对于我们空运部队的防备太敏锐了，他们在铁道走廊，在密芝那吃过两次亏，恐怕我们又在侦察敌后着陆的场所。后来空中照相证明：他们把朱参谋一行着陆的地方用木头堵着，后来情报又说，敌人在那边派了一千多兵守备。我们觉得这样不坏，所以朱参谋的故事，到今天才能揭露。

当时他们对于这位同胞天乎天乎的谈话，实在令人如在梦寐。但是这位同胞脑筋简单吗？不，他后来和几位同伴，用了很多计谋，如声东击西等等，带着我们六位骑飞机的官兵通过日军三道步哨线，到怒江边上。

他们骑（又是骑！）独木舟渡过怒江，徒步到镇康县，一路有游击队协助。

一到昆明，朱说："手枪真有用！"他想法子弄到一枝左轮，现在挂在腰上。

起先，他们以为西格菲司他们一定会安然飞返，并且可以把他们强迫降落的情形先告诉家里的人，后来知道西格菲司自己也跳伞，大家不觉大笑。

我说："当初我只差一点，要是我去参加俯冲轰炸，岂不是也可以回国一转？"

小钟说："你这个人讲话真不应该。他们失踪，你说你幸而没有去；他们遇到好玩的事，你又……"

我承认我的想法有些不对，但是，许多机缘在我身后打转，一念之差就有这么大的出入，我不能对着这些微妙的机遇没有好坏两种幻想。我说：我的设想以我自己为单位，没有交错着旁人的利害。我现在还是想："假使凌课长让我……假使朱参谋的座位给我先得到消息……"

我们的副参谋长集合大家说："我们佩服他们的勇敢，但是不能再提倡……"

8月14日的故事已经就此完了，不过，以后每年空军节我们不会忘记这幕喜剧。

1945年2月21日补记，原载《缅北之战》

"这种敌人"

1

那天，我去访问陈鸣人团长。

陈团长正在第三营曾营长的指挥所内打电话。

这指挥所距火线差不多一英里，虽然摆在干沟里面，但是地土干燥，光线明朗，附近有许多圆叶树，中间也夹杂着一束束的竹林。

敌人的炮兵还在胡闹，有两发炮弹在公路左侧爆炸，尘土飞扬，桥壅里崩下来一片碎土。陈团长说："你看，敌人的炮兵还这样的自在，你们的重炮快制压他们！"

炮兵指挥组的一位官长问："自动炮架上的火炮你希望怎样使用呢，团长？"

曾营长建议：沿着公路两侧横宽两百码纵长三百码的地区来一个面积射；于是，关于炮兵火力就是这样决定了。

这时候担任炮空联络的 MAJ TABER 也搬到第三营的位置，TABER 是一位很年轻、很年轻的军官，脸上一点皱纹也没有，牙齿白皙得可爱，笑容常常露在面上。他搬来的通信器材，倒有一大堆：通各炮阵地的有线电话都是专机专线；还有一架无线电机，专门和炮兵飞机联络。我们看不到飞机,但是听到树顶上的引擎响,它正在敌阵上空画8字。

一切环境是这么热闹:就在不讲话的时候,空中的电波也跑到无线电耳机里面,发出一阵阵沙沙声。并且敌人的几门炮,还在摇头摆尾地射击,有几发炮弹落到步兵第一线。

我们知道陈团长很高兴。他说:"啊,今天炮兵倒非常卖力气,这样合作,倒是我作战以来的第一次。这种敌人,只要两翼一迂回,正面加压力……"但是曾营长接着第九连的电话,报告步兵的准备好了,只要等炮击完了就可以开始攻击,团长不由得看看左腕上的手表:"喂,你们要快一点,一点只差五分了,到一点半之前我们要完成攻击准备射击。"

TABER还是笑着,一面加紧工作,为了补助空中观测的不足,他要求步兵炮的观测员帮助他们:

"假使你们把敌人炮位的概要位置——最好是一两百码以内的位置告诉我们,则飞机上的人员比较有把握一点——而且要快一点。"

他的要求马上被接受了,曾营长打电话问前进观测所。

前进观测所和空中观测的结论一样:敌人的炮位在八一·二一八四·七,TABER把红图钉钉在这一点坐标上,随即通知炮阵地。经过试射以后,地面和空中所报告的误差数还是很接近。指挥所里的人很高兴,认为今天敌人一定要倒楣。陈团长正在脱身上的毛背心,也不由得说:

"这样看来,我们的观测员还不错呀,别瞧他小孩子……"

2

效力射开始以后,曾营长到第一线去指挥。

缅北的晴意正浓,太阳晒得钢盔发烫,一阵热风,夹着灰沙吹在面上。我们经过一个小曲折,下坡,又循着公路上坡,一座三合土的桥梁被敌人爆破了,我们从左侧小沟里绕过去;附近有一匹死马的尸体,这一带有一阵怪臭,许多苍蝇遇着有人经过的时候,扑着翅膀逃散,发出一片嗡嗡的声音,怪臭随着声音更浓厚了。

我们的炮兵阵地发了狂,各式炮弹像蝗虫样的飞满天空,这时候敌人的阵地成了维苏威火山。但是敌人的炮弹也还继续不断地落在我们步兵第一线。

在这段弹道下走着并不很坏,许多灌木欣欣向荣,对着遍处硝烟,大有不在乎之感;这边一片空旷地,那边一座村落。回想去年这时候,我们还挤在大莱河畔的原始森林里,一片郁郁雍雍展不开;可是今天,我们已经能在这柏油路上来去。一年了,这一年看来很短,但是事实上也很长,光说沿着公路五百多英里,哪一段不是沾染着鲜血?公路左边一块水泥的字碑:

"腊戍——二十四英里;贵街——二十六英里"

曾营长指着道标,很高兴地说:"到腊戍还有二十四英里。"

我知道他由拉家苏山地转战到这里,看到这样的标志,自然会充满着满腔慰快。可是,敌人如果沿着公路抵抗,我们在这二十四英里之内还免不了奋力一战,结果免不了还有几个人要在这里死伤。也许报纸上只有一两行很简短的电讯很轻描淡写地叙述一下;而他们……?我想:"他们"现在都还活着,都还以一股热忱向这二十四英里迈进,并且,脑子里连这样不纯净的观念也没有……我再想:我一定要去看看"他们"。

传令兵打断了我的胡思乱想,他将我们引进左边树下,"就在这里。"里面是第九连吕连长(他是第三营副营长兼代连长)的指挥所,隔火线还有一百多码。吕连长在向我们招呼:"快点进来,刚才炮弹破片还掉在这附近。"进去之后,我发觉他们的工事没有掩盖,仔细一看,根本不是工事,不知道从前谁在这里掘开的一条深沟。这深沟里面蹲满了人,连第八连的潘连长也在内。

3

敌人的速射炮沿着公路来一个梯次射,我们坐在背包,躺靠着土沟的斜壁上听着炮弹一声声爆炸。

曾营长给第八连一个任务:从现地出发,沿着山麓,绕公路以东,截断八六线上的交通。潘连长用手指在地图上按一线痕:"就在这座小桥边,是不是?"

"对了,你们要注意公路南北的敌人同时向你们反扑。——可能的时候你们就破坏敌人的炮兵阵地。——你打算如何去法?"

潘连长的答复是非常肯定的:"先去一排,主力保持四百码的距离。等那排人到公路上站稳之后其余的再上去。"

"那很好。到达之后,你派人回来引路,我给你们送弹药上来。——你们多带六〇炮弹和机枪弹。你还要什么不?"

"不要了。"说完了潘连长就带着他的传令兵走了。

深沟里面,大家屏息着听第九连火线排的进展。二十分钟的炮击已经完了,马上步兵的近接战就要开始。

好,步兵接触了,首先打破静寂的是敌人的一座重机关枪,这家伙颇颇颇颇地连放了二十发,然后接着是两颗枪榴弹爆炸,我们还躺在沟壁上,我们想象步兵班隔敌人最多不过两百码,我们的机关枪也在还击了,好家伙,他们每次只射击两发,相信今天的战斗虽不激烈,但一定艰苦。

这时候火线排由胡国钧排长率领着,胡排长负伤刚出院两天,抱着复仇泄恨的心情,指挥着他这一排人向那沙村突进。那沙村没有几间房子,但是这一段公路开阔得很,正前方有一座高地瞰制着公路。他们只好折转向左边灌木丛里前进,不料敌人也非常狡猾,他们把灌木丛的中心区烧完了,只剩着一座圆周,一到他们进入圆周里面就开始射击,侧防机关枪非常厉害。

我跑出指挥所,卧倒在棱线附近,希望看到开阔地里的战斗。正前方那座高地被破片和爆烟笼罩着,我觉得我替他命的名字不坏,虽然硝烟泥土对着晴光,色调不很鲜明,可是很像画片里的维苏威。左面被前面另一条棱线遮住了,只能大概判别灌木丛的位置,那边机关枪的旋律加快,还夹杂着几发三八式的步枪。看不到一个战斗兵,只有钢盔对着阳光一闪的时候，可以看到几个人在运动——那是几个不怕死的弹药手。

回到连部，我们接到胡排长的报告：敌人的侧防机关枪非常厉害，列兵王永泰阵亡，姚太周负伤，第六班的班长曾斌负伤，他们还要六〇迫击炮弹，吕连长派人送上去了。

为什么敌人这样顽强？前面枪声又加紧，颇颇颇颇一阵才放松。我们的炮兵第二度猛烈射击，敌人的速射炮也加速还击，这种速射炮火声音和爆炸音连在一起，中间只有一段"嗖——"，一段很短的弹头波，听起来有如"空——哼！"我们的弟兄们都称之为空哼炮，我们的连部已经在空哼炮的弹巢里了。

吕连长刚打电话要两副担架上来，前面报告炮兵观测所又有一位弟兄负伤，送弹药的弟兄说，他连左踝脚骨后面一块都打掉了。并且混乱之间偏偏多事：一位轻伤的弟兄自己下来，在小树林里面迷了路，半天也不见下来；还有卫生队自己也有一位弟兄在后面公路上负伤。

4

等到姚太周和曾斌下来的时候，已经是三点十分。他们在前面等担架等了很久，但是旁的人比他们伤还重，担架都忙着，他们只好由送弹药的弟兄扶着到连部。

曾斌一进来嘴里就哼，他看着王永泰倒下去，他想把那支步枪捡回来，枪是捡回来了，但是他的左手掌也被敌弹打穿，红猩猩的一团血肉模糊，上面虽然用绷带绑着，血仍旧透过绷带掉在地上。一位弟兄帮他撕开重新敷一层止血粉，我走上去绑紧他的手腕，我觉得替"他们"尽了一点力，心里有说不出的快慰，但是他哭着嚷要水喝，我们不能给他喝，吕连长把他的水壶拿过去了："你要喝等开刀以后才能喝。"

姚太周的伤也相当重，一颗子弹在腰部以上由右向左打一个对穿。他没有哼，脸色也还保持着红润，人家把他垫着俯卧下去的时候，他痛得用力紧闭着他的眼睛，闭着了又慢慢打开，一连闭了好几次，他额上的筋在颤动，到底担架再来了一次，把他们都接下去了。

胡排长的报告：敌人跑出工事向我们反扑，被我们打倒了好几个，前面冲锋枪在连放。

右翼搜兵的报告：绕着右边山地走，过五道水沟可以绕到村子里，但是村子里敌人多得很，敌人的战车已经发动了。

敌人还要来一次反扑？大家觉得很奇怪，但是没有一个人激动。曾营长叫第九连在现在的到达线赶紧构筑工事，打电话叫第七连抽一排人上来，并且亲自到公路上去配备火箭。

我跟着他到公路上，曾营长说：他的火箭排有三架战车的记录，所以我们对于敌人破烂装甲兵，实在有充分的自信。最引人发笑的是：火箭排的班长一面掮着枪身进入阵地，一面还回过头来和连部的一个传令兵讨论交易，传令兵要班长买他的手表，他要二百五十盾，但是火箭排的班长只肯出五盾……

到四点左右，敌人的战车还没有上来，我们相信不会来了。一方面快要入暮，曾营长准备要部队停止攻击，候第八连的迂回奏效以后再干，我们同回到营指挥所，在荫蔽处对着灰风饱餐了一顿。只有陈团长始终乐观，他再和山上迂回的部队通了一次无线电话，知道各队的进展顺利，他还是坚持着那套理论："对付这种敌人，只要两翼迂回，正面加压力，敌人没有不退的，恐怕今晚敌人还要反扑，但是明天早上就准退……今天 MAJ TABER 在这里也很着急，他弄了半天，敌人的炮还在射击，他觉得很难为情。"不过 TABER 回去的时候他还是很谦逊的向他致谢："今天你们炮兵已经尽了最大的努力，我很感谢，只是步兵太惭愧了，进展很少……"TABER 也笑着："团长，我们明天再干。"

五点左右，坏消息来了：第八连潘连长的迂回部队和敌人的迂回部队遭遇，还伤了两个人，看样子敌人的企图还很积极。这时候大家兴奋的心上不免投上一重暗影，一位悲观的军官在自言自语："我晓得我们团里一定也要碰一次硬钉子，敌人一天打了四百多发炮弹，又是战车，还来迂回……"

5

第二天一早，我们开着指挥车再去拜访陈团长。

一到昨天的指挥所，使我们大吃一惊，团长和营长都不在，营部副官正在督促着兵夫收拾家具，有两部车子已经驶向前面，我记着车子是不准再向前去的。

这时候副官已经看透了我的惊讶,他跑过来和我打招呼,他说:"团长在前面,敌人已经退了。"

我简直不相信我的耳朵,我记着敌人还在迂回……

"前进了好远呢?"

"部队到了二十一英里的地方,还没有和敌人接触……"

我把车子驶到前面断桥的位置,果然,工兵队正在修筑破桥。下去步行了一段,在前面三百码的位置遇到了团长。我才知道昨晚和潘连长接触的是敌人的一个小队,潘连长带着后面的两排旋回展开,敌人都跑了。公路正面的敌人也稍稍费了一点气力,曾营长在清晨三点钟发动拂晓攻击,敌人才狼狈后退。我又知道左右各部队都有进展,团长的结论:"这种敌人,只要两翼一迂回,正面加压力……"他并且又解释:情况混乱危险的时候,往往也是打开局面的时候,所以他始终自信。

我们跟着部队后面前进,前面一连四座桥,都给敌人爆破了,柏油路上,有两处埋着一排排的地雷(已经给搜索队挖出来了),还有一座桥下扔着三个地雷,连装雷的木匣还在,再前进一段,看到无处不是我们的炮弹破片,有大得像酒瓶的和小得像戒指上的钻石的;有一片竹林,打得倒在一堆;在一处芦草边,就发现了四具尸体,陈团长说:"这样炮击他们到底也吃不消……"

在半路上我们遇到 MAJ TABER,团长告诉他:部队已经推进了,要他们炮兵阵地推进到那沙村附近吧,现在我们还没有射击目标,部队还在行进;但是,在午后三时以前,你们空军在八〇线以南能找到什么目标,比如敌人的炮兵进入阵地,你们尽管射击。

沿途各部队都在前进,通信兵连电话线都不够了,后面一个兵推着两卷线向前跑。

在芒里附近我们找到了曾营长,他领我们看敌人的炮阵地,四门山炮阵地附近都有弹痕,我们相信敌人的处境实在不堪设想。但是在一个掩蔽部内就有四十几发弹药筒,怪不得那天我们感到敌人的炮兵太猖狂了。

团长要曾营长先占领了那座瞰制公路的高山,免得被敌人利用。曾营长说:"我已经派第七连去搜索去了,第九连我还是要他前进,到发现敌人为止。"

6

在我写完这几行的时候,陈团长的部队已经通过十五英里的路碑了,我想明天再去看看他。但是我一想到:"这种敌人——"他那样充迈着自信的语气,不觉得引起心头微笑。

1945 年 3 月 1 日,原载《缅北之战》

新腊戌之役

3月7日早上,我坐战车营赵营长的小指挥车到他们的宿营地。当时我并没有随同他们去作战的企图。

他们露营在南姚河的北岸。芦草丛里,纵横摆着几十部轻战车和中战车,炮塔上用红白漆料涂着狰狞面目,装甲车上楷字大书"先锋""扫荡"和许多耀武扬威的字句,顶上天线杆挂着战旗。挑战的色彩多么浓厚!这几个月来,他们的战斗技术大有进步,而战斗精神,越来越近乎"猖獗"了。

孙明学连长和我们握手。这位连长,一口长沙语调,一副红红的面孔。昨天下午,他还在老腊戌和新腊戌之间纵横驰突,入暮回来,马上督导官兵擦拭枪炮,检查机件,装填油料,整备弹药。昨天他自己的乘车被炮击,无线电天线杆被打掉了,也不知道他用什么方法继续指挥他的战车群作战。昨天晚上,他们全连官兵顶多不过在满天星月和寒风冷露的草地上一躺,现在,他们又准备今天的战斗了。

昨晚,他们有两部中战车被击伤:一〇一号的惰轮打扁了,三十四号的支重轮打掉了一个。两部车子上的人员都在步兵线外彻夜(因为天黑路远,没有其他方法)。现在他们派三部中战车上去,一面带给养和弹药给他们,一面支援他们,还准备待机出击。

我一看着炮塔上的枪炮就羡慕不已,于是我问孙说:"我也去一个!"他说:"好吧!"就叫一二八号的副驾驶手下来,这位副驾驶手,我真对他不起,他满不高兴的怏怏将无线电耳机和发声带交给我,一个人跑到草堆里去睡觉,我就拿着我的钢盔、水壶和地图爬进副驾驶手座位。赵营长临时也想去一趟,他跑到十四号里面去了。

我们三部战车,十四号领先,十一号居中,我们在后面,排成一路纵队前进。沿途的灰土大得不得了,戴上防风眼镜还打不开眼睛,许多灰粒跑到鼻孔里不仅使鼻管奇痒,还使喉管以上感到刺痛。我再把耳机挂上,声音倒很清楚,里面的声音说:"十四号,十四号,我是十一号,我是十一号,你走错了,你走错了,你应当走右边上渡口,你应当走右边上渡口!"果然,我们绕到上游的渡河点时,绕得太多,后来在一处空地里倒了一个头才转回来。

马上有一个问题使我疑虑不已,他们的车子在右侧方摆了一个汽油桶,完全暴露在外面,要是给敌人一炮打中了,我们岂不是自备火葬的燃料?到渡河口附近我们车子熄了火,我问驾驶手左伯春灭火机在哪里,他反问我为什么要灭火机,我说恐怕绑在外面的五加仑油箱着火,他笑着:"呵,那不是汽油,那是给他们前面的人喝的开水。"他再把车子发动,我们在铁桥附近渡过了南姚河。那时候我心情平静。一面想:中战车真好,要比轻战车少好多颠簸。

车子在一条牛车路的左右走着,我把地图对照地形,知道我们的路线完全贴着腊戍以东的山麓。起先,我们距滇缅路一千五百码,后来慢慢折向西南,隔公路愈加近了。这一片地区内,都是半遮蔽的灌木林，和完全暴露的耕地，中间有几棵大树，地图上还有一根小黑线表示这里有一条浅沟，但是事实上浅沟的宽度有十几码。我们曲折地走着，到老腊戌附近，才超越过这条浅沟。这时候我们在耳机里听到排长向孙连长报告："我们过了第二道河，我们过了第二道河，到老腊戌了，到老腊戌了。"

老腊戌有很多房子，虽然给机关枪打了很多洞，但是还没有完全破坏。附近有几所房子，围墙、园门、屋檐都是国内的式样，旁边也种着一丛丛的竹林，大有江南风味。昨天晚上，陈团长的第二营才攻到这里，沿路我们看到几个步兵踞在芦草下的工事里，他们的姿势那么低，我们就从侧后方上来。不仔细看都不能发觉他们的位置。

后面自动炮架上的炮弹倾箱倒箧的在我们右侧方爆炸，照地图上看，都在新腊戌西北几座高地上，恐怕今天曾长云营长还有一场激战。我们的前面却还静悄悄的没有战斗。

绕过一个小村庄，看到三十四号，三十四号的人看到我们来了，都从车底下跑出来。十四号又用无线电指示："留一个机工，留一个机工在这里，分一半给养与水给他们，分一半给养与水给他们；你们快点跟我上来，快点跟我上来。"我们遵命照办，这一次我更看清楚了，绑在前面的油箱装着开水，不是汽油。

车子再继续前进，十四号叫我们成梯队，他自己在前面，我们在右后方，十一号在左后方。队形隔公路只有二三十码，看到公路上有一座白塔，我们大家心里明白："脱离步兵线了。"我们三部战车都没有放掩盖，为了遮蔽敌眼，大家都钻着灌木林前进。地面并不很平，我看到左伯春很吃力，随时要摇动左右操纵杆，有时候还要用倒挡。车长孙鹏站在炮塔上指挥，惟恐车子掉在芦草丛里的深坑或者污泥地里去了，有时候他很急，就在无线电里叫："左伯春，向右，快向右一点！快！右边在哪里你都不知道！"

我也并不痛快，车子尽向灌木丛里走，很多小树枝都晒干了，履带一压过去，树尖变成了半寸长的木屑，一跳就跳到我衣领里面。灰尘比我吸进去的氧气还要多。又走了七八分钟，才到一〇一号的停车位置。

一〇一号的附近比较开阔，我们开到附近，孙车长告诉我们，这芦草边再上去一千码，就到了新腊戌。我想看看新腊戌，但是极力看去，只看到两间草房子，看不到街道。

"敌人的炮来了！"

果然，弹头波越来越近，四周空气在一紧一松的在画圈子，然后在我们一百码后面突然爆炸。"赶紧把车子隐蔽起来，敌人的观测所就在山上！"

孙鹏、左伯春和我赶紧跳上车子，像松鼠一样快，左伯春把车子一直开到灌木丛里深进去二十码，才把车子熄火。这时候我们又听到敌人的弹道波在空中画圈子，这次圈子画得比较大，炮弹落得比较远一点。

又有四五发炮弹在我们后面好像我们越过那条浅沟的地方爆炸。但是他这一射击，给我们联络机看到了，我们重炮马上吐出一百磅左右的"大铁筒"去制压，我们听到"大铁筒"在腊戌后面的爆炸，真是撼天动地。

赵营长在一〇一号车子附近。有两部轻战车早上出去侦察新腊戍的敌情,这时候到达这里,他们几个人研究敌情去了。我们没有事做,听到敌炮被制压了,胆子又大起来,慢慢跑到车上站在炮塔上,指手画脚地看新腊戍。

我刚从芦里伸出头来,看到山顶上的几间房子,忽然觉得不对,敌人的弹头波又来了。并且听得非常清楚,正对着我们越来越近,弹着一定就在我们的位置,马上要和地面接触了,我直觉得今天可糟了,慌急之中我向副驾驶手的圆洞里跳,我还只跳了一半,耳鼓里来了一下开天辟地的大震动:"康!"接着是一阵轰轰轰的声音,烟硝塞鼻。

这发炮弹掉在我们正前方二三十码,幸亏前面是芦草盖着的深沟,我们叫这条深沟做救命沟,要不是它,我们现在最低限度是躺在医院里。

"敌人炮兵还有这样的厉害呀?"我的头上在跳洞的时候被掩盖边擦去了一线皮,我们不敢再伸头看新腊戍了。

后来我们躺在战车下面也不知道躺了好久,我们的战车熄了火,但是无线电机是打开的,里面在说话:

"长沙,北平,我是十一号,我是十一号,安平回来了,安平回来了。据华侨说、据华侨说:城里的敌人不多,城里的敌人不多,营长的意思,营长的意思,要华侨带路,要华侨带路,我们三个先去干他……"

"要我们三个去干!"一阵兴奋,大家又从车底下跑出来坐在地上。

可是,孙连长说:要我们等他一下,他十二点钟自己来,并且准备把大小"家私"一起带上来,要去大家一块儿去。以后的无线电我没有听到,不知道是说街市上不宜挤多了战车?还是机会不可错过?到最后,孙连长依然同意我们"三个"先上去。孙鹏叫左伯春把战车发动,又问我去不去,我答复他当然去。于是,大家就位,战车发动。先倒车到原来的地方,再成梯队,向右转,前进。赵营长派那担任搜索的轻战车到白塔附近去找步兵的排连长,把华侨的话告诉他,并且要他们协同动作。一五一号去了,他没有找到他们的官长,他看到一班步兵,要这十几个弟兄统统爬在车上就一起载了上来。

这班长是一个很古怪的家伙。他说:他的排长已经带着两班人沿公路到街市上去了,他是援队,本来要听前面的记号才能上去,刚才排了两次联络枪没有听到排长的回声。现在既然如此,你们战车绕街市的左边前进,步兵当然靠右边,反正是要上去的,现在没有排长的记号,他也就不管了。"成散兵行!前进!"他带着他的一班人沿公路向腊戍方向去了。

战车梯队向前又卷平了一堆灌木,才到通市区的大道。这是新腊戍的东北角,这些地方有很多飞机炸弹的弹痕,我们改成纵队前进,并且在变换队形的时候,我和左伯春放下了掩盖。

潜望镜里又是人生难得看到的图画,转过一个弯后,新腊戍突然整个摆在面前。沿着山谷都是五码以上宽度的土路，从山腹到山顶，到处摆着灰色砖房，红色洋房，夹杂着几个矮小的土房和点缀景致的小树。眼前这几十座建筑突然出现得这么近，而且摆在那边这么静，一个人影也没有，仿佛如在梦寐。火车上的旅客，在月夜里经过一座小城市的时候，或者可以看到这样的一幅图画。但是，现在太阳当顶，这种景象只有战场上有。啊！这种静肃静得教人心慌。

我把座前的小灯打开，再旋动潜望镜，这间房子就是地图上这一点小黑点，我们正由东北角突入市区。三部战车还是成纵队前进，我们仍旧在后面。耳机里又讲话了"一二八号，一二八号，我是十四号，我是十四号，你靠右边一点，但是不要向右边射击，那边有步兵上来。你听到了没有，你听到了请你回答我。"孙鹏在炮塔里回答："十四号，十四号，我是一二八号，我是一二八号，你讲的话我听到了，你讲的话我听到了。"他回头叫左伯春靠右。这时候，我回头看去，他还没有关上炮塔上的掩盖。

我把重机关枪子弹带上好枪身，固定梢也松了，一个房子过去了，没有开始射击，两座、三座房子过去了，也还没开始射击。我总得找点事做，我拿水壶喝了两口水，又把无线电的接头接紧，我觉得头上在流汗。

到山腹上了，两边的房子看得清清楚楚。外面红瓦灰墙，里面是奶油色。三部车子在附近停留下来。十四号叫："现在开始射击。"话刚说完，他们车上已经开火，我们炮塔上的机关枪也在开始射击。

正前方，道路悬挂在山腹，一眼看出可以看到四五百码，前面几个山头也看得清清楚楚。右侧有另外一条路在这里交叉，沿那条路上山可以到新腊戌的中心区。现在我们机关枪射击正前方一座掩蔽部，十一号车子旋转炮塔对准对面山头，昨天他们发现那边一带有敌人的平射炮，他们对那边炮击了两发。我紧握着枪柄也对着前面掩蔽部附近连续射了几十发，曳光弹四射，我的弹着低了，修正之后，我又射击了二三十发。

孙车长也在那边喊："我们小心一点，不要向右射击。"我把枪身和潜望镜旋向左面房子，基角上可能有敌人潜伏，我又对那边扫了一阵。

左伯春又把车子向右旋，我才看清楚，右边上山的路曲折成之字形，我们没有沿路走，只对着之字的中央直爬上去。一路孙鹏在叫："左伯春小心一点，注意路上的地雷！"我一路射击房屋的基角，有时候也帮左伯春看看路面上，我们一共有三部战车，要是我们的履带给地雷炸断了，或是给炮弹打坏了，这是如何严重的灾难！

爬到山顶上，房子更多了，想不到山顶上还有这样一块平地。我们开进一片旷地，里面还有一个足球场！再进去一点，两间房子外面用木杆钉着"停车场"三个字，这一定是敌人的司令部。门口还有一座三个大口的掩蔽部。左伯春把车子停了，孙鹏在叫："向后摇，向右后摇。"我回头看去，射击手正旋转炮塔，弹药手已经拾起一发炮弹，他们的掩盖还没有关。"康——当"火炮的后坐力使车子震了一震，弹药筒掉在铁板上，发出一响清脆的声音。我们隔那座掩蔽部只有五十码，这一下烟灰在那上面开了花，这阵烟花慢慢的慢慢的放大，好像黄色颜料笔浸在一杯清水里一样。十一号和十四号也在拼命射击,我看到他们机关枪口的曳光弹,有几颗曳光弹刚出枪口两三码就掉下来了,继续在地上燃烧,放出一团红光。我也摆动我的机关枪,向房屋的楼上和地下都很干净的扫射了一阵,根据我们的经验,这下面可能藏狙击手——可是我的枪发生故障了。

我尽力的拉机柄,但是拉不开,并且枪身烫热,我在座位右边拾一块布片包着机柄用力才把它拉开,又拉了一次,一发不发弹跳了出来,枪又可以射击了,我的心松舒了,我觉得衬裤都被汗湿透了。

右前方也是敌人的工事,附近有很多芦草,因为在右方,我想问孙车长,好不好射击,半天他没有回答。我低头一看,发声带和无线电,接线已经断了,我赶紧接好。但是孙车长和炮塔里的几个人很忙,他们尽量在发挥炮塔上枪炮的火力。我想:我低一点射击大概没有关系,我把枪身稍稍放低,食指摆在扳机上摆了好久,机关枪在哗哗的歌唱,盛弹壳的布袋越来越重。我们离开那里的时候,芦草正在燃烧。

我打完了一条弹带,赶快再在脚下拿出一箱子弹。我偷看左伯春,他没有机关枪,一到车子停止的时候,就转着潜望镜看四面的道路。

车子又继续爬坡,爬到顶上继续下坡。我们已经深入市区,经过一道柏油马路。房屋越来越密集,我们也越射击越凶。我计算,我们在街上起码走了一英里。忽然孙鹏在上面叫:"左边有敌人,快向左摇!"我把潜望镜向左旋过去,左边是一片空旷地,上面有好几个弹痕和倒在那里的木头，四百码之外，有两栋房子。果然，有一个人在那边横跑过去。我想摇动机关枪，不行，我的机关枪不能再左了。这时候炮塔上开炮了，孙鹏叫："太低了。"又开了一炮，才把那两栋房子给尘土笼罩住。

我记得很清楚，我们由东北角插进新腊戍，一直穿到南面的尽头。那边有短短的两条街，房屋建筑和重庆的过街楼附近一样。我们还看到一家别墅式建筑，门口停着一部小轿车，在那附近射击时，有一条狗突然跑出来，在我们的弹道下突奔而去。

我们折转回来，再到一处山坡上的时候，十四号叫我们到他们右边去，右边都是飞机炸弹的弹痕，孙鹏回答他："地形不许可。"就在这时候，一声爆炸，许多颗粒掉在我们车子的装甲上。孙鹏喊："快拿药箱给我。"左伯春把座右的药箱递过去，我也跟着他递药箱的手向后面望去，孙鹏自己负伤了，他用手掩在头上，一脸都是血。

我觉得不大妙。我想：今天这次攻击恐怕还要遇到一点麻烦，还有麻烦……

幸亏孙鹏还很镇静，他在指挥射击手和弹药手帮他敷止血粉，左伯春自动把车子向左前方靠了一点，我看到炮塔上的掩盖还没有盖，我刚要叫唤，他们已经把掩盖放下去了。

这时候全车都在黑暗中，只有座前的小灯和掩盖上的空隙有一点点微光。炮塔上的人都帮车长止血去了，整个炮塔像一只没有舵的船在自动旋转。我觉得我目前的责任应该加快射击，免得被敌人的步炮兵乘隙。但是我刚射击了两发，枪又发生故障了。

又一颗炮弹在我们和十一号车子之间爆炸,隔我们不到十码,我看到整个的漏斗形,虽然关了掩盖,一阵烟灰与硝土仍然塞进掩盖的空隙,扑在我们面上。机枪依旧拉不动,我又不知道车上的天线杆打断了没有。我觉得一身燥热……

忽然听得孙鹏叫左伯春倒车,心里稍微镇静一点。一下我猛然发觉机枪上的故障是弹带上的弹头不齐,我抽出一个子弹,又拉了一次机柄,枪又好了。同时炮塔上的枪炮也再度射击。孙鹏向十四号报告他头上打了一个洞,没有什么关系,还可以继续战斗。无线电里我们听到十一号车上也打伤了一个。

我以为我们回去了,但是不,我们从炸弹痕边打了一个转,又进了一条街。路上有地雷,我们仍旧在道路以外走,又经过了一所空洞洞的房子,上面有"酒保"两个大字。

再穿出一条小路,到底回去了,牛路上有一个步兵排长提着冲锋枪跑到战车旁边问情况,赵营长打开掩盖和他说:"城里的敌人不多,我们所看到的掩蔽部和房屋基角,都经过彻底的射击……"

我们回到出击阵地已经午后两点,我们一到,孙连长他们的第二批又出发了。孙鹏的头上虽然结了一层血壳,但是没有关系,红十字车又帮他绑扎了一次,他觉得有点头昏,但是精神很好,他说:"这是炮弹打在附近墙上,把砖瓦飞起来打中的,要是破片打在头上那还得了……"第十一号车子上的射击手也伤在头上。还有,我们的炮塔不能固定了。

面上的烟灰使他们不认识我,我在地上走了五分钟,才慢慢知道脚是站在地上,左伯春给我一包饼干,我胡吞胡吞就吃完了,好像塞在人家的胃里。

我看到赵营长:"今天我们和营长是第一批漫游新腊戍……"

赵营长:"哪里是漫游,简直是破坏新腊戍!"我们并没有有意破坏新腊戍,他故意用这样"猖獗"的字眼来提高他营里的战斗精神。

当天晚上,陈团长的步兵占领了新腊戍街市的一半,同时他把西北角山地的敌人肃清了。第二天上午,他占领了整个新腊戍。

1945 年 3 月 23 日至 28 日,《军声》

锦瑟无端五十弦 一弦一柱思华年

成都军校生活的回忆

我于1938年夏天在汉口考入中央军校。受着当日战时交通情形的摆布，我们在揭榜后即乘江轮赴宜昌"待命"，住在一所破庙里一住就是三个月。等到有航行于长江三峡间的轮船接我们去重庆，已是十二月初。这时武汉失守，长沙大火，广州撤退和汪精卫发表"艳电"，向日本投降，都已先后发生。从西安宝鸡投考的同学则早已在成都。我们又行军三日而抵铜梁，开始换上了棉布军装，等候由浙江金华考取的另一批同学到达，编成十六期第一总队，才于1938年底之前浩浩荡荡的行军去成都。自此原有成都分校改称总校。十四期二总队、十五期一总队、十六期一总队和三总队都是在成都首先集中受训的学生总队。十六·一于1939年元旦入伍开学，1940年圣诞日毕业，当中无寒假暑假，受训期间差六天两整年。

进军校第一桩大事即是"剃和尚头"，所有青春美发尽卷入地上尘埃。当时倒没有觉得：即是年轻男子，头发乃为各个人形貌上显著的特点。大家都剃和尚头，只有使个人的色彩更为收敛，队伍间的集体性格更为浓厚了。战时军校学生大部只有初中程度，高中毕业已不可多得。每一队（相当于连）里间常也有一两个或两三个大学辍学的学生和在宪兵里当过兵的军士。十六·一也有几个国军高级将领的子弟。初时各人的年龄籍贯与背景还分别得显然。受训期间每一个钟头甚至每一分钟大家都做同一样的事。自早上用冷水洗脸刷牙到晚上点名解散后吹熄灯号前十五分钟打开铺盖就寝,无不如此,更用不着说日中的学科和术科了。所以训练进程开始后只几个星期,学生们都已经在众生平等的集体生活之下混成一片,军校的传统也只要求全体学生达到同一的"进度"。比如说受训六个月后器械体操的一部分都要做到铁杠上"立臂上"和木马上的"并腿跳"。学校里不倡导学生个人间在任何方面的竞争。我们没有篮球和足球的设备,军校虽有一年一度的体育会,但其竞技不被重视。

军校学生每人发有呢制服一套,皮鞋一双。这样的"外出服"并白手套只供星期天在校本部做纪念周及特殊节日阅兵典礼之用。平日我们穿士兵衣服。白内衣内裤,夏天黄色布制服,冬天蓝色棉制服,足缠绑腿,脚穿布袜草鞋。受训期间前六个月我们是"入伍生",等于国军中的上等兵,月饷十元五角,食米由公家发给,"副食"则在饷项里扣除。入伍期满升为学生,才有资格带"军校学生"的搪瓷领章,同国军中士待遇,月饷十二元五角。当我们刚开始受训的时候,法币的购买力还和战前不相上下。所谓"副食",间常有肉类。早餐稀饭之外,也还有一小碟的花生米或酱菜。不到半年法币贬值,我们的伙食也每下愈况。虽然饷项之外又加"副食费",而且一再调整,到毕业前夕,白米饭之外只有一碟清水煮豆芽或萝卜,里面如有几点植物油的痕迹已算是上品了。可是与后来下部队当下级军官一比,则成都军校吃白米饭的生活又属特殊待遇。

我们的组织与训练，尽量的模仿日本与德国体制。分科后我入步兵队，有绝对充分的时间使自己娴习步兵基本技术如射击与劈刺，又将轻重机关枪拆为零件再凑集成枪，用圆锹十字镐掘成散兵坑等等。我对劈刺一科特别有兴趣。因为在高中的时候，看过雷马克所著《西线无战事》（Nichts neues im west），内中说到肉搏时刺刀插进肋骨里的情事，读来既胆战心惊，也不知道"他日我如此"是如何一段滋味。上劈刺课目时头戴面具，有针缝极紧凑上具皮质的"护肩"与"护胸"，木质长枪则代步枪上加刺刀。原来对敌时仍能引用各种技巧，例如以自己身体的侧面对当敌人的正面，先把握住自己所立脚的三角据点，佯动的重要超过主动，看破敌兵的弱点才乘隙而入，突击开始又要做得"气刀体一致"，一来全来。如此技术上的细节是否有实用的价值，我无法知悉。我毕业之后虽然有一次在越南北部作便衣斥候，在老街看到过日本兵，又在缅甸前线于丛林中与敌兵相去不远，却从来没有看到和听到白刃战的真情实事。可是成都的劈刺训练确也给我壮了胆，预想即有敌兵拖枪持刀杀来，虽说体力不胜，我还有几分招架之方，不致立即人为刀俎我为鱼肉。我们劈刺教官系日本留学生，所有训练的装具也仿日本制。却料不到几十年后我在研究明史时看到戚继光所著书，内中早已将白刃战的精义解释得明白，有如我们的"分解动作"，他已提出为"起·当·止"。我们所说"佯动"，他则已在书中明白写出："千言万语，只是哄他过来。"其他细节也无不如此。

我们所学的战术，以了解团以下的攻击防御遭遇战追击退却各项原则为目的。多少年之后我才发觉当日全世界基本的兵学都有归纳于标准化的趋向。我们的操典与教范大概由日本的原本翻译过来。当德国顾问在南京的时候又经过他们一度的订正。可是日本陆军的技术传统，也仍以德国的经验为蓝本。即美国的情形亦然。所以后来我们翻阅各国的操典与教范，内中有很多相似之处。例如鼓励各级干部争取主动，即同有"不为与迟疑可能产生不良之后果，有时较方法错误为尤甚"的辞句。又讲到下命令时要想象受令者了解之程度，可是又不能和他们说理由，也是彼此一致。并且文句上看来有出于一源之可能。我于抗战胜利之后入美国陆军参谋大学，更发现凡是三个营的步兵团展开时基本战术大致相同。纵说美军已用一〇五和一五五的榴弹炮和加农炮作标准武器，又用轻战车搜索，还是不整个改变其后面最紧要之基本原则。所以在图上作业的时候中国的军官学生一般不比美国学生差，只是1946年美国军事教学已在进行有系统的收纳第二次大战的经验，今日又近半个世纪，我也在学书不成则学剑，学剑无用又学书的过程中再未重温旧课，只能想象以最近科技的进步，当日之所学已早是斯舫滥调了。

说来也难能令人相信，军校里政治思想的训练凡是彰名较著做去的一部分十九无效，学生称之为"卖膏药"，因为其自称万应灵方实际不值半文钱也。有效的一部分，倒是不意之中得之。我们入伍不久之后集体宣誓成为国民党党员，军校的校歌也仍然是1924年以来的"怒潮澎湃，党旗飞舞，这是革命的黄埔"。每一周或二周，我们也有党的小组讨论。通常的情形我们只坐在树林中乱谈天，等到政治指导员或区队长走近视察我们的时候，大家才拿着油印的指导纲领假作正经，言归正传。当日国民党已存在着困难：一个业已夺取政权并且又主持一党专政的政党，很多高级干部又在做大官，就很难照旧支持革命时期的意识形态了。至于抗战期间同仇敌忾的精神倒是不待教诲，早已俱在。而且传统的忠君爱国的思想也仍贯穿着流露在军校师生言行之中。我们称蒋委员长为"校长"，提及校长时说者和听者都立正致敬，倒并不是矫揉造作。一方面出于英雄崇拜，一方面也因为有了黄埔及中央军校等名目，我们有一种集体的自居作用 group identification。我们既为十六期，自此十五期以上的毕业生都为"老大哥"，十七期以下尽属"小老弟"，与军校组织无关，只是一种社会习惯。1944 年我在缅甸密支那以新一军上尉参谋的身份在前线观察，新三十师师长胡素将军乃是黄埔一期出身，他称自己的幕僚为"项参谋"和"李参谋"，而始终以"小老弟"称我。在他心目中，我们虽阶级悬殊，指挥系统上不相属，只好以前后"校友"的关系作主了。

成都军校仍保持南京撤退以来的七五野炮八门，山炮四门，各色骡马百余。凡阅兵的时候军乐铿锵，我们又在钢盔上涂油，戴白手套，各兵科都表示专长，步兵队则"走正步"，西方人称之为"鹅脚步"(goose steps)。通常常步为每分钟一百七十步，走起正步来只有每分钟一百一十四步，真是"一脚踢上半天云里"。然后几百双带铁钉的皮鞋从天而降，在水泥道上发出响亮的刷刷之声，绝对的整齐划一，观者无不敛容。可是也因为如此，成都军校的作风受过不少的批判。抗战既入后期，我们的征兵派饷都走到极端的困境，更用不着说交通通信的维持与器械的补充,相形之下成都之一切无非粉饰太平。战后涂克门女士(Barbara W.Tuchman)即根据美国观察人员的报告对军校有特别的抨击(见所著 *Stilwell and the American Experience in China*,纸面本四二六页)。我们毕业生一下部队也发觉士兵谈不上训练。我们只要他们不在淫雨与疟疾威胁之下被拖倒病死,较狡猾的军士不把机关枪黑夜偷出卖与土匪,已属万幸。对过去花在成都两年的时间所学是另一世界,所处是另一世纪,既然学非所用,而对实际的问题则毫无准备,也不能没有埋怨与反感。

只是今日五十年后,我从教学历史的立场对上述的情事又有不同的看法。背景上中国最大的问题则是整个国家不能在数目字上管理。传统政治的作风无非在上端造成一个理想的标准希望下级仿效。自有《周礼》以来,以道德代替法律,以仪礼代替行政,也属上述体制。要不是组织上有此毛病,也不致引起日本人之入侵。本来国民党和蒋先生已替新中国造成一个高层机构,可是仍然缺乏符合时代需要的下层机构,纵有各种理想,仍然透不进基层里去。于是也只好照传统的办法,军校虽学外国先进,也在不意之间造成了一个理想的标准。假装门面不说,此非人谋不臧,历史之发展使然也(中共在延安的教学能针对实际,乃因他们有了我们的高层机构作挡箭牌,才能专注重于下层机构)。同时虽在抗战期间,我们的上层机构尚未做得完善。蒋先生日理万机,仍以"校长"的身份,每年抽出一两次的时间来成都与学生训话。可是四川的政情不稳,他又自兼四川主席,在重庆的中央大学学生闹风潮，他也自兼中大校长。要是他是独裁者，其独裁已非主动。而有些像明朝的张居正一样，自谓本身"不复为己有"（张居正也是蒋先生所崇拜历史人物之一），实际上在迁就下层的需要。

这样一来，也怪不得即在五十年前我们在成都的青羊宫和草堂寺临时的校址受训，虽剃和尚头，称政治指导员"卖膏药"，自己也具有双重人格。一方面因为着黄埔系的集体自居，以做蒋先生的"门生"为荣，在装门面时一本正经，一方面也仍不脱年轻人的淘气性格，每于吹熄灯号之前的十五分钟打开铺盖就寝之际，以装腔学着"校长"的浙江口音互为笑乐。军人读训中之"服从为负责之本"，他读来有如"屋层外无炸资崩"。说来笑去，我们也忘记了一天的疲劳，更用不着记挂大敌当前，武汉广州和长沙。几分钟后万籁俱息，除了轮值当"内卫兵"的同学之外，其他都已酣然入睡了。

1990年1月27日，《时报周刊》二五七期

忆田汉

1988年9月汉城奥运比赛的时候，如果遇到中国大陆的选手得冠军，依例乐队必会演奏《义勇军进行曲》。我写这篇文章的目的，并不是要讨论其为真国歌或伪国歌，我倒是要提醒半个世纪以前和我们一起在国军穿草鞋的朋友，这是一个不容易忘记的曲调，在中共取用为国歌之前，早经国军选用为标准军歌之一；我们在成都草堂寺青羊宫做军官的年代也唱过不知多少次了。"我们万众一心，冒着敌人的炮火，前进！前进！"其音节劲拔铿锵，至今听来还令人想念当日抗战时的气魄。我个人对这曲调更多一重感慨系之的成分，因为其歌词作者为田汉，当日我称之为田伯伯。

身为共产党却在国军中得人缘

距今恰好五十年前的1938年，我曾在长沙一份由蒋寿世所举办的《抗战日报》工作过三个多月，报社的社长就是田汉。但他那时候已去武汉军事委员会政治部任三厅六处少将处长，编辑的事则落在廖沫沙身上，田和廖都是国民党时代在大陆坐过牢，而日后在中共时代更饱尝铁窗风味的人物。沫沙兄得庆虎口余生，去年我还在北京看到他。田伯伯则于1968年死在秦城狱中。

我见到他们的时候，并不知道他们已是共产党党员，只知道他们是左翼作家；虽然如此，田汉因为在军委会的工作而结识了不少国军高级将领，前副总统陈诚将军，和他私人就可算是莫逆交。他也和后来在国共内战时，国军的名将杜聿明、郑洞国、张发奎等人交往甚深。我和田汉的儿子田海男（当时名为陈惟楚）同时于军校毕业后，为了要得到军校的分发令，就由海男持着他父亲的亲笔信，去见当年上海战事爆发时与田汉交往颇为密切的教育长孙元良将军。经由田汉的关系，我和海男被派往国军十四师担任排长，而当时十四师的师长阙汉骞将军也是田汉的好友之一。我们在十四师当排长不到一年的时间就设法请调到驻印单位服务，驻节在兰伽，田伯伯仍然从旁关照。

国军第十四师按建制隶属第五十四军，前军长陈烈，死后葬于南岳络丝潭。至今墓旁石崖上还刻着由田汉撰拟，一丈多高的一首诗：

> 粤北刚闻虎将名，秋风白马又南征。
> 岂因烟瘴消英气？长向光明作斗争！
> 清血奈何无药石？埋忠差幸有佳城！
> 络丝日夜奔雷走，犹作翁源杀敌声。

为什么田汉身为共产党人会在国军里如此深得人缘？我希望读者在这篇文字里可以逐步找到解答。在这里我所要提出的则是对他的爱慕并及于当日国军的特务人员。

1941年间，某次田海男和我在广西金城江候车时遇到军委会调查统计局的一位干部,海男支吾其词,想要遮掩他与田汉的关系,却早为对方识破。但这位特务先生不仅帮我们找到车位,还要海男代向他父亲问候。

从另一方面讲,即使与田汉接近有如我者,也没有和他的思想一致。1950年间田伯伯认为我长期留居美国"甚为可虑",因此写信给我妹妹粹存,要她来信转告我这四个字;而我也因为这样结束了和田汉一生的接触。

曾对蒋介石有过一段英雄崇拜

根据在大陆亲近田汉的人事后回忆,田汉死前虽曾写过若干"反美蒋"的文字,可是名义上他最大的"罪行"仍是1927年曾在南京国民政府总政治部做过顾问,此事距离文化大革命已有四十年。从他留下的《我们的自己批判》(1930年)一文看来,他确实曾对蒋介石先生有过一段英雄崇拜(他还在文字里以英文加注 heroic),相信蒋先生是"国民党的文天祥、陆秀夫"。

另外,他从日本旅行回来,因遇到蒋先生下野,当时他写过"于是我也随着我们的总司令下野了,虽说从来不曾见过总司令"的话。而且,田汉早年接近国民政府,也曾受到当日很多左翼朋友的反对与指摘;其中包括不少在日本的朋友,只有谷崎润一郎对他稍示同情。这些人在中共文革时,对田汉的命运也有一定的影响。

田汉死后,我蒙田海男赠《田汉文集》一套,共十六册。曾前前后后没有系统地翻阅过不知道多少次了。此时看书的心得，只证实我前半生所得的印象——田汉在政治上是外行。他除了满腔澎湃的爱国情怀和传统的打抱不平侠义心肠外，他的政治思想并没有一贯的系统，他对时局的意见，也多系人云亦云。倒也因为如此，田伯伯是一个容易接近，容易与他肝胆相照的人物。

我上中学的时候，国内由五卅惨案和北伐所掀起的民族情绪，已经平息。可是几年前的文学作品如由郭沫若、田汉、郁达夫、张资平等人创办的创造社所出版的一些注重新文学的刊物，仍是我们年轻人爱不释手的精神食粮，当中也只有两位作家顶能够将革命时代的浪漫性格发扬到最高峰，此即田汉与郭沫若。其实这也不难理解，他们年轻时彼此就曾以中国的席勒和歌德相标榜。到了1930年间郭沫若只在福冈研究他的甲骨文，田汉则在上海主持南国社；又透过联华公司和电通公司将他的作品以电影的形式传达于广泛的群众，例如"义勇军进行曲"就是《风云儿女》影片中的主题歌。由于电影的传播力广大，因此更引起当时的青年仰慕。

初期写作富浪漫气息

我在早年就知道田汉是一位传奇性的人物。他在日本求学归国后已经树立了相当的声名，既可以在中华书局任编辑，也可以在若干大学教书。可是他撇开这些生活安定的事情不做，偏去（用他自己的语言说）"开艺术铺子"。他所创办的南国艺术学院既无基金，更谈不上发给教职员薪水和学生应缴学费。而且其宗旨在吸收"奋发有为之贫苦青年",于是先生介绍学生,学生又介绍自己的朋友,内地来的青年一下子没有地方住,就搬到田家去。所以田汉之办南国,有如明朝李贽之建芝佛院,包含了"三等僧众"在内。其中在楼梯下空处搭睡床的金焰和应门做琐事的小姑娘胡萍,日后都成为中国电影界有名的男女明星。我的朋友廖沫沙,也是由田伯伯的五弟田沉介绍而成为田家座上客,廖至今尚在文中称他"田汉师"。

从他很多剧作的题材看来,田汉的写作带着浓厚的浪漫气息,而以初期的作品尤盛,如《咖啡店之一夜》、《古潭的声音》、《获虎之夜》和《火之跳舞》,很多场合之下,他和导演、演员密切的合作,没有脚本,或是脚本还只写到一半,就开始公演。《湖上的悲剧》在杭州演出四次,有人看过四次后,发现每夜的情节都不同,于是展开了对他的批判。他在南京演《洪水》,剧本还没有开始动笔,就决定了开演日期和地点。后来排演时,演员排到第一幕还不知道第二幕的曲折和第三幕的终结。

在国共密切合作的一段时期,田汉着军服,戴少将领章,佩手枪出入前线,跟着部队雨中行军。他的书里有很多日本海陆军的材料,他曾写过一篇怎样袭击日军旗舰出云号的文章,指出应当进入彼方射程之内破坏其司令部。但是这文字不送给军事当局,而刊载在《救亡日报》。在他动员的演剧队的工作人员告诉我,他常提议和年轻人竞赛爬山,他虽穿马靴,却经常捷足先登。到达山巅后就朝天鸣枪三发,颇为得意。

我因为海男的关系才有和田伯伯接近的机会。1941年我们刚从军校毕业还没有前往部队报到时,曾到南岳,在他租赁的房子里搭了好几天的地铺。我们也和田伯伯旅行于湘潭衡阳桂林之间,同行的尚有我的表弟李承露。当日的客栈进门处必有水牌,上用毛笔大字书写旅客姓名,只要田汉的名字一写上,当地京剧院、湘剧院的老板和演员立时闻风登门造访,一定要"田先生赏光",参加他们的晚宴和演出;我们也跟着沾光,每日如此,无曾间断。但是这客人对主人也颇有贡献,抗战期间有不少陈旧的剧本,经过"田先生"的指点,得以改头换面。譬如《打渔杀家》变成了《江汉渔歌》。我曾亲眼看到田伯伯在桂林一家戏院,带着一大卷剧本,一边看戏,一边考究其和声。

读书肯下苦功

田汉伯伯是我一生所看过惟一能"走江湖"的人物,必要时他可能身无分文从中国一端旅行到另一端;他在重庆、昆明、贵阳都有朋友,有几位也够称得起"民族资本家",可是他的生活仍然非常清苦。抗战胜利前夕(1945年)我在昆明最后一次看到他,他家里的一坛米,就放置在床下。多年后我长期研究历史,才领悟到在中国传统社会里经济没有多元化,只有官僚统御农民,缺乏中层社会的因素去支持艺术家和文化人,此种情况在内地又更为严重。像田汉,又像我的另一位朋友范长江(他是名记者兼作家,曾劝我不要从军而和他去当新闻记者)想在国民党统治下做独立的艺术家和文化人不成功,而在毛派的社会之下，只会发觉文化与艺术趋向于均一和雷同的压力更大。所谓文化大革命，即系传统的文字狱，有了这种经验，我敢说中国惟一的出路在经济改革。除非经济多元化，自由无从兑现。

田汉之匆匆忙忙，凡事临时仓猝组织应付的习惯容易给人一种看来缺乏实学的观感，我在南岳的一周则知道他是个极肯下苦功读书的学者，他曾特别告诫我学外文必下苦功。从他的谈话和他讲在日本生活的故事听来，他的日语想必相当流利。田汉的散文里也有无数西方文字的成语和背诵下来的句法段落，虽说我无从断定他的会话能力。这些都是他少年时期在日本接受六年古典式教育所赐。田汉东方人的性格远胜于他所曾接受的西方文化的影响，所以我断定留学日本的这一段经历对他的一生极为重要（因为他的西方知识也得自于日本）。可惜的是他在国内由幼年至壮年、中年、老年都有相当详细的记录，惟独在日本这一段付诸阙如。

在南岳的一段时间，他每天请田老太太讲述她一生的经历（田老太太名为易克勤，有人称她是"戏剧界的母亲"，因为他们一家在上海常周济年轻艺术家之故）。田汉整理了他母亲的经历，以《母亲的话》为题，文长十万余字，在《人间世》和《当代文艺》发表，这是一篇不同凡响的文字，内中提及湖南长沙东乡农民的生活，既琐碎，也细腻，举凡上山采茶，下水捉鱼，害天花，卖儿女，父母将逆子沉死于池塘中，年终三十夜赎当不付息，各种情节穿插其间，构成社会的一大剖面。一般人民生计艰难，亲戚朋友都有彼此照顾的义务，又因处境之相同相似，社会上集体性之强迫力量大，贤愚不肖全有公众品评。在出版这篇文字的时候,田汉无所忌惮的暴露着他家庭出身之绝对贫寒,也对他一生合群的性格作了间接的解释。

田汉的著作,至今仍有一部分不易为海外读者所骤然接受。很显然的,他的剧本中缺乏一个私下隐秘(Privacy)的观念。本来戏剧就是一种公众的传达工具,又叫它如何去包瞒隐私?其问题乃是作者视他笔下人物不能保有个人隐私为当然。如《咖啡店之一夜》里的女侍对顾客说:"林先生,我们以后有什么不幸的事大家帮忙,有什么高兴的事也大家欢喜吧。仿佛听到郑先生说家里要您回去结婚,您不愿意,家里就不给您寄钱来了,这事是真的吗?"类似的对话也见于其他剧本之中。同时作者也在不少地方明确指出私人操守与公众义务的不可分割。

终生尽瘁于传统的社会价值

这种观点使作家田汉处于一个奇特的立场,他本来有放浪形骸的趋势,要是朝那方面发展,他大可尽浪漫主义之能事,更可以彻底的提倡自由主义和个人主义;如司马迁所说的"少负不羁之才",必定要对上一个"长无乡曲之誉"。田汉在上海所有门径都已打开了,所有向外发展的条件也都具备了,却偏偏尽瘁于传统的社会价值,事亲孝,处友廉,抚子慈。我曾读过徐志摩的一篇文章,说他在上海去见郭沫若,开门即见郭抱一小儿,后来去访田汉,开门也见他抱一小儿。实际上因为海男的母亲早逝,田伯伯对长子又超过一般父亲对子女所具有的情爱，他送我们去前线时确实热泪盈眶。去年我与海男碰面谈及他的父亲，海男也是两眼湿润。

我曾对这些事情作过一番思考，觉得这中间不仅是一个文学体裁的问题，也不仅是一个社会道德的问题，而实际上是一个宗教的问题。我这里所说的宗教，带着一种广泛的涵义，包括有形无形的组织、入世出世的思想，只要它笼罩着人生最后的目的，直接或间接导引出一个与旁人关系之要领，则为广义的宗教；即是一种高尚的革命思想，或是一种显而易见的迷信，只要凝聚于一个"最高的"和"最后的"宗旨，有吸引一部分民众的力量，不妨以宗教视之。中国人的宗教思想着重父以子继，各人在血缘关系中得到永生。这世界既永恒的存在，则聪俊有志之士，不必依赖神力，即可以将整个大宇宙的负担放在自己的肩膀上。在《关汉卿》一剧里，田汉引用这元代剧曲家的字句，将他自己的抱负重新说出来：

  地也，你不分好歹难为地，
  天也，你错勘贤愚枉做天！

于是田汉也和关汉卿一样有志更正充塞天地间的错误与枉曲。他写的"将碧血，写忠烈，作厉鬼，除逆贼，这血儿啊，化作黄河扬子浪千叠，长与英雄共魂魄"，必然出于一种真纯的正义感。我想剧中称关汉卿为"戏状元"，关自称"我是爱上戏才写戏的，不是为吃喝，为发财"，也是田汉自身说法。

至于剧中又提出"古来以文字贾祸的倒是代有其人",而且狱壁上又题字"不到此地非好汉",则恐怕是巧合。可是既预先写下如此多不利于迫害剧作家的辞句,毛派人物不能忍,不让他去指桑骂槐,自吹自擂,而加以拘捕,以致自愿承担着"不明道德,陷害良善,鱼肉百姓"的诸般罪名,也是不可思议。

现在,再回到刚才所说的宗教问题,田汉的好和坏,忠与邪,可谓产生于一个简单率直的农村经验。惟其如此,其最高的与最后的宗旨才会气概磅礴。他四十岁时,郭沫若送他一副对联称他:

具田家浑憨气概　称市廛简朴之觞上寿上寿
扬汉族刚毅精神　作群伦奋厉之乐其昌其昌

联内将"田汉"字"寿昌"一并对入,虽说带着揶揄的成分,却不失为一种逼真的描写。

因之田汉的剧本不能与曹禺的相比。《雷雨》、《原野》与《日出》涉及人的内疚(guilt)与赎身(redemption)。这些观念,可以陪衬着西方的自由主义和个人主义,却一向不是田汉写作的题材。

鲁迅之短篇小说与田汉的剧本相比,也呈现一种极尖锐的对照。在鲁迅看来,传统的仁义道德,不外"吃人"。而田汉不仅认为传统的道德可以恢复,而且经过他身体力行的提倡,好像并未丧失,一到内外煎逼,立即可以光芒万丈的辐射开来。《晚会》里面一位资本家的太太觉悟后说:"假使我明天就得死,或是今晚,我也绝不悲观。我也要把我最后的、最好的力量用在更有益的地方去。"

给人们带来乐观和希望

为什么田汉会值得这么多环境背景不同的人敬爱？因为他给人们带来乐观自信和希望。他的赎身洗罪，不待神力，也不待将来，用不着内向。他的人生，就是一座大舞台，到最后总结（grand finale）的时候，台上台下都参加了一项群众运动，立即得到心灵的解放。如果儒家的入世观不尽能达到此目的，则继之以佛家道家的精神。

最后让我再节录田汉，或者说田寿昌、田老大，或者说是我所熟悉的田伯伯，他早年的名作《灵光序言》的一段精彩语句，作为回忆田汉一生浪漫情怀的一个注脚。他在1920年写《灵光序言》时，才二十二岁。这篇文章中曾述及他和初恋情人也就是田海男的妈妈——易漱渝婚前恋爱的一个小故事。

当时田汉和易漱渝虽已订婚但未结婚。他所描述的地方即是距东京约五十英里的镰仓海滨。田汉的文章说：

> 已而漱渝已为这种和美的自然之息所吹，便也绵绵的唱起那"remember me dear, be true"的歌来。我虽不会唱那歌，而且也忘记了那歌的名字，也不觉随声附和起来。谁知爱月者、善歌者大有人在，一时青年情侣恋歌互答，海浪徐荡，若为按拍。而由井滨的海水浴场遂变为东岛绝妙之情场。谁还想此地是当年战

场,金沙之下尚埋有战士的骷髅,英雄的折戟呢?

我的回忆就此结束,现在让我们静候汉城传来的《义勇军进行曲》,我希望听众听到聂耳之曲,想见田汉之辞,对作者及对中国近代史,多了一番明晰而深刻的认识!

1988年10月10日,《台湾春秋》创刊号

张学良、孙立人和大历史

张学良和孙立人两事件相隔近二十年,这两个事件发展的情形不同,却也有相似的地方。从纽约《世界日报》看到王震邦先生所写《孙立人如何被卷入美远东政治漩涡》一文,知道麦克阿瑟和美国国务院曾有人建议以孙将军保卫台湾,甚至将台湾交联合国托管的方案。这些建议与方案产生于1949年,而孙将军及郭廷亮的事件则发生于1955年,前后相去六年,可见"政治漩涡"的力量牵涉相当久远,其实这些情事历史上的背景,尚不只于这短暂的六年。

抗战期间中美关系之恶劣化,以史迪威事件为转捩点。1944年以前,美国有些人士对国民党和蒋委员长的不满,还只零星吐露,及至蒋要求撤换史迪威,损害了美国人的自尊心,从此美国官方与民间对国民党统治下的中国的看法,一落千丈。1949年的建议与方案,虽说是针对中国内战急转直下的情势着眼,却不能说与以上的感情作用无关。

一般美国人不明晰的,是当时中国国军干部,在中美争执时,多顺着民族意识,崇奉自己的主帅,不满意喧宾夺主的客卿,只是无法公开发表他们的主张。1944年,我们在军中已经听说蒋委员长在桂林、柳州军事失利之后,已经受到美国的压力,答应将统帅权交让给史迪威,但是不满足,还要通过罗斯福去凌辱蒋。史将军去世之后,他的日记缄简，经过前《时代杂志》记者白修德（Theodore H. White）的整理以《史迪威文件》（*Stilwell Papers*）为名发表，至少已证实，其中一些的情节，譬如一九四四年九月十九日史迪威将罗斯福的一封信当面交给蒋介石，事后他在日记写出：

> 九月十九日：待了很久很久之后F.D.R.（罗斯福总统）最后慷慨直言，直言多得很，每一句里包含着一个爆竹。"赶紧认真，否则即是——"如此一个发热的爆竹。我将这包胡椒粉交给"花生米"（史给蒋介石的绰号，可是有时候史的情绪转好，也在日记中称委员长），微叹之后坐了下来。这叉鱼枪命中着这小坏蛋的神经中枢，将他打过透穿，这是彻底的命中。但是除了面色变绿，和失去语言的能力之外，他不眨一眼。他只对我说："我知道了。"如是无言的坐着，轻轻的摇晃着一只脚。（文件页三三三）

两天之后他写信给史迪威夫人，又有一段小诗：

> 我蓄志泄愤报怨，
> 　　今日才一朝如愿。
> 花生米被我踢在裤裆上，
> 　　我与他瞠目相见。
>
> 叉鱼枪储备已久，

运用时要恰中时间与地点，
    我连根的用力一掷，
就将他打过对穿。
小杂种浑身战栗，
    他已经言语不灵。
战栗中脸色转绿，
    他挣扎着也不再出声。

我的奋斗烦多，
    我经历的痛楚绵长，
今朝我吐气扬眉，
    花生米终被我击伤。
以后我还要受气，
    去对付前路的危艰。
快慰的乃是今朝，
    花生米为我失颜！（见文件页三三四）

　　书中没有直接讲明罗斯福缄内的内容，但是从《文件》前后的文句看来不外责备蒋介石战斗指导无方，应当对华南战事失利负责。
　　经过这段会见之后，蒋才向罗斯福要求撤换史迪威。
　　我翻译这一段日记之后，也必须有一种交代：以上的文辞都是史将军个人私下发泄情绪之作，引用粗犷幽默与挑战性的字眼，也是美国人从小参加运动竞技时的一种习惯。他之所谓痛楚,也不是没有根据,我在以下文字中还要提及。可是纵有种种的情节,我们看到他所谓对蒋介石的怀恨,在未撤职之前已到了这种程度,也可以想见他已失去作客卿,甚至作盟军战友的角色了。

这件事情与本文主题的关系则是孙立人将军之无端被卷入中美政治的漩涡,不开始于 1949 年。抗战期间他就已经被视为过度亲美,也和史迪威太接近。前述《史迪威文件》出版于 1948 年,书中有孙将军与史迪威的合影,照片旁的注释,说史认为孙是中国将领中最能干者。这时候孙立人还只任陆军训练司令,驻节于凤山。1971 年涂克门女士(Barbara W. Tuchman)在所著《史迪威与美国在华经验》(Stilwell and the American Experience in China 1911—1945)一书中更称,1945 年史迪威希望率领美军自太平洋向中国登陆,当时麦里尔少将(Major General Frank Merrill)告诉他,孙立人曾以中国军官的名义发动上书罗斯福,要求让史迪威重返中国(载此书 Bantam Books 纸面版六五九页)。《在华经验》出版时,孙将军已失去自由,真与不真,他已无法申辩。不过书内所叙事在罗斯福逝世之前,既有这段传说,则孙将军之被卷入漩涡,已早有岁月。

笔者于中国驻印军在缅甸作战时,曾以前线观察员的身份(每日以郑副总指挥洞国的名义向重庆和昆明提出报告)随孙将军的司令部进出战场,前后一年半,不仅曾亲自看到孙将军指挥作战的情形,也和他的幕僚及下级干部相当熟悉。早就知道孙将军一生以岳武穆的"尽忠报国"自勉,又能与士卒共甘苦,豪侠好士,不蓄私财。

他了解美国人的脾气,能够以直接的办法对付他们,又有不媚外求荣的性格。《史迪威文件》里尚有他和史争辩的记载。史之参谋长柏德诺(Brigadier-General Haydon L.Boatner)盛气凌人,动辄欺负中国将领,只有孙立人才能使之稍有检束。可是出类拔萃的孙将军却不是中国军官学校毕业的,而是一个美国留学生,就不免在讲派系的国军里面受排挤。他的效率与声望愈高,愈被嫉妒。因之他的美国背景反成为一个事业上的障碍。我在《万历十五年》书中写出在明朝万历年间张居正和戚继光没有造反的证据,却有造反的能力,终被清算。孙立人被软禁几十年,也出于这种官僚政治之逻辑。

率直的说来,中国在1930年间或1950年间,去明朝的社会形态仍未远。国军虽在若干条件下具有现代形貌,实际仍是社会上的一种游体(Foreign body)。在这种条件之下,军队的统御、经理不能不受旧式社会环境的限制。

我们在国军做下级军官的时候,在内地从一个县的东端行军到一个县的西端,可以看不见一条公路、一辆脚踏车、一具民用电话、一个篮球场、一张报纸,或是一个医疗所。而触眼的尽是"王氏宗祠"、"李氏家祠",以及"松柏惟贞"的节妇牌坊,此外还有传统好官墓前歌功颂德的"神道碑",再不然则是"学人及第"和"文魁"荣誉牌匾。后来学历史,才领会到传统政治的结构,不凭经济与法治的力量,而大部分靠"尊卑、男女、长幼"的组织体系。眼睛看不到的,则是编排保甲的潜在势力以及乡绅农民自己彼此间放债收租,及于远亲近邻等等微细末节。所以这些人文因素不是太抽象,就是太琐碎,都无法改造为新社会的基础，也无法取缔禁革。而且自1905年停止科举考试以来，上层与下层完全脱节。这时候也难怪军阀割据。因为过渡期间只有私人军事力量才能填补此中缺陷。而这种私人军事力量却很难在一两个省区之外有效。以上也是北伐完成，蒋介石登场的概况。

张学良将军的《忏悔录》最近重印，给我们一种机会检阅"西安事变"前的情形。东北军与共军作战，一个师长阵亡，另一个师长拒降死，张即感到咎在己身，从此也可以看出统帅权的基础仍是私人关系和私人情感，李杜准备回东北号召抗日旧部，也由张自己决策赞成，自己出钱资助，这种以私为公的办法，也可以转变之为以公为私，因为权力与义务在这种情形之下总是可以对流。同样的情形，我们也可以看出虽有他之请求，蒋先生不让他主持侍从室的逻辑。张和东北军之关系既如此明显，则一朝被任命为侍从室主任，参与中枢人事任命机密，就可能使一部分人弹冠相庆，而多数人意态怏怏，甚至顿生疑惧。因为蒋所对付的除了东北军之外，尚有西北军、桂系、粤系、云南、四川、福建、湖南的部队，以及他自己的黄埔嫡系。这种情形不是任何人的过失，而是社会环境使然。

孙立人将军重获自由之后所作公开谈话，把1930年至1940年间的情形叙述得更清楚，一个在美国V.M.I.（弗吉尼亚军校）毕业的军官学生，回国之后没有一个国家的机构去安插他，竟麻烦他自己四面八方的去找事，起先在方鼎英、阎锡山下面奔走之后好容易找到日后主持中国正统的党中央，也仍不是正规部队，而是这样与那样的杂牌。

总算孙将军人缘好,"八一三"负伤之后有黄杰将军接济他。("只要我有饭吃,孙立人也有饭吃。")又有宋子安先生接他到香港疗伤,怪不得孙将军至今还惦念使他沾过光的人士,同时他更感到团体单位的重要,甚至责备清华校友不能互相照顾,以致受人欺负。可是他自己又一本忠忱,仍鼓励子女上清华而不入台大。

所以他们两位将军提出的问题,不能专就道德的立场解释。我们只能说传统的办法以道德代替法律已不适用于 20 世纪的社会。在这前提之下,我提议以研究历史的立场,将以上情事重新考虑,作一种新的解释。这种解释,可能与当事人的观感完全不同,而且需要将中国历史提高到一个不同的境界。

过去约二十年我有一个机会,将中国两千年的历史,拿出来重新考虑。现在看来,这朝代历史之中,秦汉可称"第一帝国",隋唐宋可称"第二帝国",明清可称"第三帝国"。其分析的节目,有专文专书在各处发表,所根据的重点则是财政措施,显而易见的则是第二帝国的财政税收有扩张性,第三帝国带收缩性,当中百年不到的元朝,只形成一个过渡阶段。明朝之创始到清朝之覆亡一共五百四十三年,这社会的组织至此照中国传统已经需要改组。原因是法制过于简陋,税收过于短少,人口增加过度,土地所有的纪录不符现状。从以前的事例看来,更换朝代,必有一番剧烈的波动,而在大帝国更换朝代时波动所影响的幅度更大。

并且从世界局势看来,近五百年来所有现代国家也都经过一段改组,或正待作类似的改组。这种改组的宗旨究竟是资本主义的性质抑是社会主义的性质已不复成为争论的要点。现在从学理以及事实上发展的趋势看来，乃是趋向亚当·斯密所说从一个农业社会管制的方式进入商业社会管制的方式。考诸先进国家的成例，这种改革，必定经历各种险阻艰辛，苦难重重，而且费日持久。因为其超过个人人身经验，当事人虽被迫参与其程序，不一定能看清其性质。我也将这种理论，前后作为论文，以中英文在纽约、台北、香港、上海、北京各处发表。

这样的文字能被普遍的接受，则是经过几十年的混乱，中国的改革已上轨道，台湾已渐采取商业体制，也大致用数目字管理。大陆虽步后尘，可是经过一番挫折后也已适时地改变方向。在这时候我们检讨张学良和孙立人事件，最先即要承认这两事件都是大历史转动中的一种环节，有中国的长期革命和大规模的群众运动在后面作背景，总之就发生于人类历史经验领域中的一个极不正常的时代。

前述《时代杂志》的白修德在他的所著书《雷霆后之中国》（Thunder out of China，1946）提到国军的一章，劈头就说出第一次欧战时，德国参谋本部派往奥匈帝国的联络官，看到奥国军队的情形，立即向国内报告："我们与僵尸结盟。"有了这样的开场白，作者即说出第二次大战时，美国以中国军队为同盟军，其情形类似。

奥国的军队在德国人的眼里看来没有生气，一如抗战四年后的国军在美国人的眼里一样。这种说法，只极端简化着表面上的一种粗浅现象，而完全忽视后面的背景。奥匈帝国以一个跨地过广的专制皇权虽挣扎已临末日，而中国则是从一个已经崩溃的旧帝国之灰烬中企图建立新秩序。我相信很多中外人士都没法想象到,动员一个三百万人以上的武装部队,希望在一个统一的军令之下和一个优势的强敌作持久战,为中国几千年历史所没有的经验,而在七七抗战创始。这时民间之组织可支援这种大事业的机构也十九落空,因之其前后动员的程序已经不是人力可以完全掌握,很多情形之下要经过群众运动在历史中找到出路,例如前述国军之编成,首自军阀割据。这当然不如理想,可是即使今日任何人纵有机会重新创造历史,也无法提出一个替代的方案超越这种程序,无中生有的造出一个三百万人的部队。既然如此,则国军统帅权之掌握使用,不能不为当日过渡期间的社会条件所左右,所以纵非尊卑男女长幼也仍是人身政治。

蒋介石在这时候苦心孤诣所构成的则是一个新的高层机构(superstructure)。他惟一的本钱即是所谓黄埔嫡系。一般人之心目中,总以为前期黄埔毕业生,在蒋家天下成为天之骄子,在人员与给养的分配以及战斗任务的分派和升官发财的门径都比旁人占先(而有些情形之下也确如此),可是外界人士还不知悉的则是很多黄埔嫡系的高级将领尚是怨声载道,因为他们的校长,责勉他们为革命军人,常常给他们以人所不堪的遣派和责备。其嫡系的怨望既如此,其他杂牌的情形可想而知。

这时候一个理想的解决方式则是低层机构(infrastructure)已先有一番改革,于是人员与物资的征集公平合理,补充既裕如,则一切都可以标准化,各部队都能造成一个可以互相交换(interchangeable)的局面,因之也无须注重东北军与西北军的区别,黄埔与非黄埔的区别,甚至西点与弗吉尼亚的区别。

蒋介石为什么不采取这种步骤?一个与之相似的问题则是:为什么蒋介石不改革农村,争取群众?

三十年之前提出此种问题还讲得通。今日有人再提出此种问题,则可以谓之为蒙昧无知。最简单的说来,中国土地问题与财政税收问题自明太祖以来未曾经过全面检讨彻底翻修,已五百多年于兹。上面所说第三帝国本来就应该改组,症结在此。今人如果再提出以上问题,倒不如说:"为什么蒋介石不做毛泽东?"我们也可以说纵是蒋愿做此事,则中国还要另外寻觅一个蒋介石,去对付当前的大敌获得国际的支援。中共的土地改革,大半靠中原鼎沸乾坤颠倒的情形之下执行之。同时毛泽东利用国民党之高层机构使他的工作和外界完全隔绝。中共迄至1949年也不组织自己的高层机构,所有军队的战斗序列全靠无线电联络,除了油印报纸之外,连城市文化也不要,只如此尚要鼓动村民造反,牺牲了三百万到五百万人命〔根据法国武官纪业马将军(Brig.Gen.Jacques Guillermaz)等估计〕,才算进入了农村,完成了所谓改革。所以即使没有思想上的冲突,从技术上讲,制造一种高层机构与翻转低层机构已只能各立阵营,分道扬镳。这种情形也可以引起我们想到中国内战无可避免。(中共去年发表的《中共党史大事年表》说明抗战期间,中国军民死伤二千一百万以上,内中共军"战斗员"伤亡六十万,"敌后解放区"人民群众伤亡六百万,其他则未分析,详《年表》页一七八。)

蒋介石最被职业军人指责的,一为抗战初期将国军精锐牺牲于淞沪地区，在战略上无所收获；一为他喜欢遥制部队，有时候直接指挥，下及师与团的配备。很多将领对他随从参谋皮宗敢少将的声音应当非常熟悉，在重庆时皮常以长途电话传达蒋委员长的命令至各部队之阵地的部署。这两点也最为史迪威将军所指摘，第一次缅甸战役，蒋派他为总指挥，又直接指挥杜聿明和罗卓英。1944年的湘桂战役，也是蒋直接指挥的。

史说他在湖南"甩掉了三十万人"，而他自己需要一万补充兵去取代缅甸战场之死伤，虽力竭声嘶还达不到目的，这是他最不能忍耐的地方。（史迪威很少提到中国官吏之腐化，公开提及国民政府之贪污者为国务院官员及与蒋委员长相处甚得之魏德迈。）（又以上史的指摘见《史迪威文件》页三三二）

如果我们纯粹的站在军事科学的立场，只能干脆地说史迪威对，蒋介石不对。可是现在我既提及大历史，也就是从长时间远距离的姿态看历史，则只能先摆开一个古老的帝国，五百年缺乏改革，一朝倾覆，要从断瓦碎楹间找材料重建规模的艰苦场面。这时候我们还要责备当事人行事是否符合科学原则未免太苛。既考究他对人命与物力之投入是否考虑周详，也应当不离开上述大历史的一种场面。这也就是说军事无法脱离政治。

今日时过境迁，我们可以简概地说出，1937年中国之对日抗战不仅物质条件欠缺，而且组织的能力也不够。县以下既是无数村落间的小单位，除了几个通商口岸之外，县以上应有的现代机构一般也都不存在。民间既如是，军队与官衙的行动与运转必受其影响。所以西安事变之前蒋介石派黄郛和何应钦与日本交涉，总是提倡忍辱负重。战事一开，他又将一切谨慎，掷诸化外，而以士气人心代替组织与效率。其不惜牺牲，有如将原来储备下士官的教导总队一体投入战场，事前向他们训话，嘱他们个个必死（而教导总队的死事也极惨烈）。此时他可能过度受日本教育之影响，也可能估计错误，但是他的目的，将一个局部的战争（日本人的着眼）拖成一个全面的抗战，使无人可以规避，并且终拖成一个国际战事的目的却已达到，中国也赖此得到最后胜利。凡此都不是军事教科书之所叙及。

蒋介石很可能有军事天才的优越感，他也很可能自具创造奇迹的信心，这些情形要待替他作传记的人仔细分析解剖。我从研究大历史的立场却要指出他之干预部下分内之事，半属当日环境之产物。国军一个最大的缺陷，不仅是素质低，而且是素质不齐。对很多将领讲，抗战是人生的一大冒险，功名固可以成一旦夕，祸害也可以生于俄顷。后面的预备队可能突然失踪，侧翼的友军可能不在指定的时间地点出现，部队的建制不同，补给也有参差，部队长平日的恩怨也可以影响到战时的协同，一到军法审判，军法官只在逻辑上替责任问题销案，很少顾及内在的公平。这很多问题统帅都不能一一解决，军事委员会的委员长又如何掌握统帅权？于是蒋介石只能强调人身政治。他除了组织各种干部训练班，经常自己出面之外，又始终不放弃中央军校及各分校校长的职位。团长级以上的人员之任命，也经过他亲自召见圈定。这种"亲庶政"的作风是他个人的性格？还是由于环境使然，让他愈做愈深？这也待参考文件不断的出现，由专家考证。我在这里可以确切断言的正是他的越级指挥,也还是他人身政治的延长,只有经过他的耳提面命,对方才觉得责无旁贷,很多超过常理以外的任务,能否确实执行不说,首先也只有委员长手谕或面谕才能指派得过去。他之令第十军方先觉死守衡阳,以后方被俘,然后逃回,仍得到蒋的袒护支持,即是此作风的表现。

在抗战以前,蒋之人身政治已经给他造成了一种无从替代的局面,所以在西安事变时,周恩来可算作他的死对头,仍主张不加损害仍让他主持全国的大局,有如张学良将军《忏悔录》所云。

从以上各种迹象看来,他对张学良和孙立人两案的处理,旨在保存这统帅权及其逻辑上之完整,因为"兵谏"一事最为他之体系所忌惧。蒋介石也许有缺点,但是小器量,意存报复却始终不是他的性格。这一点历史上已留下多则例证,有如冯玉祥、阎锡山、李宗仁、白崇禧,又有如他战后之对待日本。倘非如此,他纵掌握黄埔嫡系,军法威权,和特务政治也难能做中国之领导人达半个世纪之久。即是他和史迪威闹翻之后,他仍邀请史茶会道别,并且解释他们两人之无法和衷共济,并非个人恩怨,也见于《史迪威文件》。他提议赠史青天白日勋章则被史拒绝,其后他命名雷多公路为史迪威公路,则史引以为荣。

提到蒋介石,一般中外作家尚有通常忽略之一点:他是一个宗教观念极浓厚的人。

写到这里,我不能不强调中国八年抗战之血泪辛酸,是人类史里少有的事,至今中共也仍在纪念馆里一体宣扬,内中也有蒋介石的照片,此种表现也不全是"统战",而是由于中国革命业已成功。

台湾在陈诚将军领导之下,实行"耕者有其田"之法案,其目的并非完全是经济平等,一方面也强迫地主弃农就商,因之剩余之资金能投资于新兴工业,农村人口也能进入于城市,又配合美援,因此低层机构间已打开了一个可以互相交换的局面。我也在台北《中国时报》写出,中国过去因为私人财产权未曾确定,公众事业缺乏民间产业在后面作第二线第三线的支持,以致上层机构里的数目加不起来,其组织也无从合理化,19世纪之"自强"因之只能虎头蛇尾。我们翻阅历史,可以发觉11世纪北宋时王安石之变法,希望将财政片面商业化,也是在类似的情形下,无法在数目字上管理而失败。中共在大陆的设施初看无一是处,可是却已造成下层机构一个较简洁的粗坯胎,目前他们已经看清本身的弱点,于是证券市场之设立,破产法之被提及,所得税之征收,保险事业之抬头,尤以地产之使用权可以价让,都是确定私人财产权的步骤。今后社会多种因素既可以自由交换,则所有权(Ownership)和雇佣(Employment)应能构成一个大罗网,现代社会的重楼叠架于是在这种条件下产生。军队与政府就靠这种机构维持。所谓法治,其精神也不外在数目字上管理。今日大陆虽仍称共产,实在有"金蝉脱壳"之姿态。

假使我在海外几十年研究历史还有一点用处的话,则从大处看去以上情形已属不可逆转(Irreversible),虽说短小的挫折仍是可能。这也就是说在不松懈警觉性的前提之下我们应当相信中国跨世纪的改革业已成功。过去我们觉得中国现代史里的一团污糟,今日看来,则有其长期合理性。张学良将军和孙立人将军虽半生冤屈，到底能看到这种局面，今日恢复名誉，仍未为非福。

我也是中央军校（十六期一总队）毕业，也算是留美学生（陆军参谋大学1947年级），所以敢于说知道此中情节。历史之展开，其发展之程序多时出我们意料之外。我们不能觉得应当如是，即将这应该的程序写成历史，而只能实事求是。而且今日局势大白，我们更应当放宽历史的视界，才能如林肯在美国内战结束时所云："对所有人表示慈爱，不对任何人怀抱怨毒。"孙案还有很多地方待调查解决，这文字虽以历史家的立场写出，孙将军仍是笔者的"老长官"。在孙案以不同角度牵入的江云锦和陈良熏，也是我年轻时的朋友。名义上被判死刑的郭廷亮虽无一面之缘，其年岁环境和笔者也相去不远。只要命运的安排稍有出入，我也可能和此中任何人更换位置，彼此接受对方的经历。况且几年来为孙案奔走的潘德辉和舒适存将军也与我迭予照注，海天相隔，我只希望他们都被认为在大时代动乱中曾衷心对国事有真切的贡献，而且历史的展开也确是如此，只有今日我们将眼光看宽，才能看清自己所扮演的角色，虽有侧面、正面，积极、消极的区别，其总结果则汇集于一个广大的群众运动之中，解决了中国几百年的一个大问题。

这篇文章里因为叙述之所至，写了一些对前中国驻印军总指挥约瑟夫－史迪威上将不利的文句，只是以上的字语，早已刊刻成书，发行十万，至今还在图书馆里，也无可隐饰。我也仍能记起史将军看到雷多的中国公墓，管事人不用心，每个墓碑上都写着"无名英雄之墓"，因此震怒，指令将死者姓名部队番号查出。他看不起中国官僚制度的作风，却不是看不起中国人。他没有对外宣扬，却在日记里悄悄写出中国民族是一个有希望的民族，因为即使是一个穷困不堪的农民仍能抬头乐观。即使为史迪威事件抱不平的白修德，当日一气，曾写下很多对蒋中正先生不利的文字，后来也曾对 Newsweek 的记者讲，他低度估计了蒋的困难。笔者曾于 1979 年写了一封信给他，说他叙述中国只注重高层机构，没有看穿下层组织，并且要他看过即可以"归档于字纸篓里"，也就是将信掷弃。不料一年半之后仍接到他的一封回信，可见得有了历史的纵深，我们即对亲身切眼的事情可能有与前不同的看法。本文将一切归结于大历史。

1988 年 9 月 1 日《历史》第八期

阙汉骞和他的部下

阙汉骞将军在大陆时曾任国军第十四师师长和五十四军军长。1941年间我曾在他麾下当少尉排长几个月。最后的一次看见他,已是1945年,去抗战胜利只数日。我不熟悉他去东北及以后在台湾的情景。

我能够在军校毕业后分发到十四师,也出于一个离奇之缘分。当日左派名流田汉,曾在长沙主持《抗战日报》,我在入军校前曾在报社里服务几月。他的儿子田海男(现名田申,在大陆)和我同入中央军校十六期一总队。我们将近毕业的时候,由"田伯伯"介绍与前五十四军军长陈烈,原来准备到军部报到。当时五十四军尚驻广西柳州。可是在1940年的冬天,全军开拔,由广西南宁经由田东百色入云南富宁。其原因乃是欧洲的战事急转直下,巴黎已被德军占领,日本也乘机进驻越南,他们有北攻昆明的模样。一时前往云南的有国军第九集团军的九个师。五十四军的十四师、五十师和一九八师,全属第九集团军的战斗序列。只是这时候陈烈将军在行军时,拔牙无清血药,以败血症死在滇桂边境。当时距我们毕业和分发到部队的期间尚有几个星期。我曾看到田伯伯给海男家信里提及十四师师长阙将军乃是国军中"一员猛将",于是怂恿海男写信给他父亲再央请阙师长将我们四人〔我和海男外,尚有李承露(现在台北)和朱世吉(内战时死在东北)〕指名调派到他师里服务。只是以后看来,这样的安排全不需要。当我们还在营钻之日,军校教育处长黄维将军(现也在大陆)已奉命接掌五十四军,他全面鼓励即将毕业的学生到他军中服务,以后我们分发到十四师的同学就有十多人。

派往五十四军的同学虽多,大多数都愿往一九八师,而不愿去十四师。原来十四师是国军教导第三师的后身,在南京时代全用德国装备,也算是国军之精锐,一九八师乃是湖南常德县保安队提升改编而成,不仅历史短而且声望低。至于何以同学愿就彼而不顾此,有下面一段对话解释。胡金华(现在台北)和欧阳贤(现在台南)向来以敢言称,他们向师部报到时被师长召见的谈话有如下叙:

阙:为什么他们都去一九八师,而不到我这里来?

胡:报告师长,一到一九八师,马上可以补实当排长。半年九个月,还可以升中尉,代理连长。一到你这里,只能补上一个附员,一年还轮不上一个实缺。

阙:哈,你们眼光这么浅!一九八师怎么可以和我们这里比?我们就缺员,也还要比他们多几千人。好了,我也不要你们当附员,我马上来一个人事调整,你们每个人都当排长。好了吧?

如是我们知道我们的师长是一个能令部属慷慨陈词的将领,这还不算,凡是有分发到师里的军官必蒙师长召见。阙师长首先就谈本师的光荣战绩。总之,十四师自抗战以来还没有打过一次败仗。第一次淞沪之役，当然是前仆后继，寸土不丢，至于后来全面后撤，也是奉统帅部命令而行，并非本师过失。第二次江西阳新之役，十四师坚持到和敌人拼刺刀，也终于把敌人打退。第三次粤北翁源之役，其情形可在辩论之中，看样子敌人原来不打算深入。只是第十四师刚一展开，敌军就全面退却，这一来更增加了本师威望，迄至我们在师部报到的时候，师里的官兵还是坚持日本人听说迎头的乃十四师，才立即仓皇的后撤。阙师长对这一点没有特别的发挥，只是就此仍保持本师的常胜纪录罢了。所没有明言的则是师长当日曾以团营长身份参与这些战役。

从师的光荣历史，师长又谈到本人的一段遭遇。阙将军事亲至孝，他曾答应给他的父亲造一所"寿庐"，不幸他老人家突然去世，这一愿望没有在生前实现，他只好在他老人家身后按原订的计划完成。这寿庐也没有什么特别之处，只是建在南岳，屋顶上用琉璃瓦盖成。恰巧蒋委员长在南岳开会看到这栋建筑，当场就问这是谁的。阙师长说：

> 他一听说是我的当时就说"腐化"！我本来想报告他这是我替父亲造的一座寿庐。上次他召见我的时候我就准备当面报告。可是他委员长一直没有提起这件事，我也只好算了。

以上是我们亲耳听到他说起的。后来到处传遍，很多人都知道蒋委员长不喜欢部属造琉璃瓦的房子，也知道阙汉骞曾造这样一栋。我想将这事传布遐迩的莫非阙汉骞将军本人。大概他逢人就说，也不待旁人提起，好像以攻为守，非如此不能洗刷腐化的名誉。

阙师长身材魁梧，因为他是湖南人，符合所谓"南人北相"的条件。他也注重部下之身材与体格。当日很使我们惶恐的则是他在极力推奖行伍出身的军官。在我们报到之前他曾对部队训话，强调行伍出身的军官在部队中的重要，甚至提出要是军官学校出身的部属不服气，可以立即提出辞职，他承认当即送路费三百元，据说后来真有一位军官照师长所说去"请长假"，倒给阙师长申斥一顿。

我和两个同学去见师长的时候，他就自己提起："咳，行伍！他们能做到什么地方上去？升了一个排长，也是三生有幸了。再不然搞上了一个上尉连长，也是至矣尽矣。他们能够还要更高的想头？你们要同他们计较？我部下还有营长团长，将来给谁当？"

这样一来，我们很难断定我们的师长是诚恳或不诚恳了。一方面他岂不是愚弄行伍出身目不识丁的部下？可是另一方面他岂不又是坦白承认自己说的话只是应付当前的局面，不能严格算数，并且以前期军校毕业生的身份给我们后来者若干指点，而这些话尚是他腑肺之言？

阙师长告诉我们，假使我们有任何建议，都可以当面直接的报告他，我们虽下部队，任何时候来到师部所在的平坝，他的卫士都会让我们随时进见师长。后来我自己就根据他当时的诺言，两次使用这特许的权利。我们所驻在的云南马关县，已在北回归线之南。只是一到雨季，晚上奇寒。我们看到士兵在夜里冻得抖着不能成眠，不免恻隐心动。关于这情形也有不同的解释。譬如说我连里的特务长沈云霄就主张不应该对士兵同情。"兵大爷,"他说,"都是没有良心的家伙!你就把你的胬心挖出来氽汤给他们吃,他们也不会感谢你。他们为什么冒得〔湖南话(没有)〕铺盖?行军的时候天气热他们把军毯撕做绑腿,这时候又埋怨冒得铺盖,活该!"

这情形也需要相当的解释:十四师的前身为教导第三师,并非等闲。即在1941年,现在的十四师还在某些方面表现着当日情调。譬如说德国式的钢盔,捷克制造的轻机关枪,已在国军里算是出类拔萃了。而且有些特殊之装具,例如德国式的番布块,可以披在肩上为雨衣,也可以各块集结起来,上面都有纽扣与扣眼,连缀之则为营帐。军毯与蚊帐也曾一度准备齐全,至少痕迹俱在。可是在滇南时很多装备物品,连防毒面具在内,都好像荒货摊上的杂货,没有两件一模一样。其原因确如沈特务长所说,当初全师普遍的现代化,符合在长江下游有轮船火车作交通工具的景况。后来一脱离铁道线,千里徒步行军,又无适当的休养和医药卫生的设备,各人首先第一的顾虑,乃是本身的生命安全,次之则是枪械弹药。其他的物品已在多少情形之下无从认账了,乱丢乱甩的情形也所在有之。现在之所存,已不及当初之十一。

要不是我自己也曾沾上了一段在云南烟瘴区徒步来往的经验,我还不会相信以抗战后期国军物资之匮乏,士兵竟可以将装备抛弃。1941年的春天,我和李承露、田海男到柳州师部留守处报到的时候,听说十四师又已继续向西挺进,从富宁接近文山与马关之间。从地图上一看,新驻地已和滇越铁道线近接。我们既错过了参与后续部队由广西向滇南行军的机缘，不如搭汽车由柳州经金城江北行至贵阳，更折向西经昆明而乘滇越铁路南下寻找师部。其情形有如在一个菱形四边形上，不走底边直线，而以一个 U 字倒置之方式走上端的三边，以避免蛮荒山地步行之苦。

其实两者之利害，也只有半斤与八两的区别，首先企图在黔桂公路和滇黔公路上要揩油坐不付费的汽车（hitch hike）也是难于上青天。当时我们三人就要拆散伙伴，按机会而行，在半途上再图相聚。后来一到贵阳与昆明之间的南盘江，公路上惟一的吊桥在我们来临前三日被日本飞机炸毁。以我们全部后方的能力，无法抢修此桥。临时的办法，乃是开下坡的道路，让两岸的汽车卡车一直驶到河床低处，在该处搭平底船之浮桥（pontoon bridge）暂渡。可是也仍怕敌机轰炸和侦察，所以每晚黄昏之后搭浮桥，员工辛苦忙碌好几个钟头，到夜晚桥成，两岸的汽车徐徐下坡，每次轮流对开三十辆或五十辆，一夜罄其量也不过对开每方二百辆，而天已黎明，煤气灯熄灭，浮桥拆散，成桥之船只也撑划到上下游树荫下疏散，而这时两岸山坡上集结的军用民用车辆各千余，要待上好几天才有过渡的机会。

经过这样的折磨，我们生平第一次尝到绝粮的经验。一时饥肠辘辘，闻到人家在公路旁边所煮饭不胜其香。一到昆明，乃由海男用他父亲的名义向人求缘化募，才解决了吃饭问题。起先在地图上一个倒写 U 字，我们竟走了两个多月，而我们行路难的经验，方正在开始。

从昆明向南的铁道只通到碧色寨。南到国界线还有徒步三日至五日之行程，所有路基、桥梁、山洞都因防备敌军入侵全部破坏，我们找到了村庄里一家空着的楼房，就展开自己的油布棉被在楼板上搭地铺，也没有适当的衙门和问讯处可以打听消息。到第二天上午总算运气好，在街上遇到好几位军官军士，他们的袖章带橘红色，上有"还我河山"四字，于是我们才知道十四师的"同志"已近在咫尺。往前打听，才知道师部现驻平坝，尚有三日之行程。这些同志乃是奉师部命令，接运军中所需之食盐。这盐由滇西南之井水煎成，以两尺半的直径、八至九寸的厚度塑成像轮胎样的盐巴，下用草绳托束，摆在骡马的木制鞍驮之上，每驮两个，左右均衡的对称。我们和带队的中尉排长接洽，希望和他们一同去师部，沿途也吃他们所煮米饭，由我们照数付费这一切都无问题。只是我们三人都有一包随身行李，内盛棉被和鞋袜及换洗衣服，另需一匹驴子驮载，也需要"老大哥"中尉排长的周济，只是还不知如何启齿，只先向当中的一个军士探询可否。

可是迎头就遇到他的一盆冷水。

"分一匹驴子给你们？天老爷，那他如何会肯？"

原来所有的驴子，全系在村庄里征发而来，也经过当地保长甲长的指派，必要时还是由我们同志老大哥派遣枪兵到场威逼，好容易聚到二十八匹，刚好应付所要运送的盐巴和食米。他们官兵的行李，则只有每人一张毛毯或一张油布，已铺盖在待运盐巴之上，当作防雨之用。被征的农户，也派上六七个人和这驮马队同行，以照顾自己及邻舍的驴子，还负责回途的各归原主。我们也不知道他们费了多少时日，才组成如是的一个队伍。这时候要他们抽让一匹驴子给我们用，不待明言，也自知不近情理、不合分寸了。

于是摆在眼前的出路只有两条：一是将行李展开，折肩扛摆在自己身上。我们虽然在军校受过全副武装行军的训练，只是看到滇南山地，不能自信仍然可以在此间同样的施展如此之伎俩。另外的办法则是将所有行李一并抛弃，徒手而行。可是弄到自身子无一物，也令人踟蹰，首先就不能想象今夜如何得以成眠。

正在彷徨不知所措之际，给我们泼冷水的军士突然来临，他告诉我们李排长已替我们找到了一匹驴子，他要我们赶快到村前茶馆去，他们的驮队快要出发了。

我们看到这驴子的时候，也不知心头是何滋味，是惊喜，是失望，还是诧异？第一，这驴子的背脊，还不及我们腰部之高。第二，当我们把行李摆在驴背上的时候，它能否有力驮载其重量不说，起先它的四只脚就好像不能平衡，一直要挣扎两三步才能站得平稳，它没有当场倒下去也是万幸了。第三，这匹驴子不由其他农夫看顾，赶驴的不止一人，而是一个老头子和一个小孩子，他们也不照顾其他的牲口。

以后想来，这驴子可能尚未成年，平时只在村里近距离担载轻物。赶驴的人好像祖孙二人。他们家里还有什么人，我们无法猜及，多年之后，这问题尚在我忆臆之中。只是很显明的，他们不应当被征派而被强迫拖来。本来运盐的李排长也可以打发他们回去。不巧适值三个军官候补生要到师部报到，因此这祖孙二人和他们四肢像牙签的牲口，也只好勉为其难和着我们一同为抗战服务了。

刚一上道，我们五个人和一匹驹驴就开始落伍，这老头子也不断地叹气。起先我们还从山底看到驮运队在山腹的树林里或隐或显，后来整个行程之中就只有我们这一小队，单独在后蠕蠕而行。有时行程进入一段溪流之中，整个道路就不见了。各人只好涉足于河床之内步行好几百尺，也不知在什么地方可以重新接上对岸的道路。我们几次三番寻找之余，才发觉灌木丛中带有盐花的痕迹，必是驮运队经行之处。如是支吾到天黑，才在一个山顶上找到了驮马队的宿营地，乃是一所庙宇。吃过饭后我们埋头就睡，到第二天早上醒来，才发觉赶驴的老头子和小孩子已在半夜时分带着他们的驴子逃走了。

因为木驮鞍和铺在驴背上的毡席贴近我们蜷曲着张铺盖睡觉的地方，老头子怕惊醒我们，就索性放弃不要了。

"这该死的老头子！"

"真是混账王八蛋，该死的家伙！"

我们只想到这奸诈的老头子和小孩子欺骗我们，让我们在丛山之中失去了交通工具，上下不得。没有顾及我们强拖着他们倚之为生的牲口，不管死活，一行就是八九十里。当时我怒气冲天，就伸手将那木驮鞍拿来使尽全力地甩到山底下去。1986年底我在台北举行的汉学会议和1987年9月在哈尔滨举行的明史会议都曾提及当日从军的经验，半似乞丐也半像土匪，仍和这段经验有关。

话归当日，也算李排长恩鸿量大，他让我们把行李分摊加放在三匹运盐的驴背上。要不是如此处置，我们狼狈的情形，尚不可想象。如果我们还妄想自扛行李爬山，则只要半天时分，就可以领悟其为妄想而用不着再存此念头了。

当我们在早上准备开始一日行程之际，我们的领路人就指着对面的一座山顶，说是当晚宿营地。这怎么可能？我们私下忖量。从水平的视界看去，那邻村好像就在目前。要是穷目力之所及，似乎村中的竹篱鸡犬都可以了然可指。似乎一日之行程不应当如是之短促。

殊不知立体的地形与水平线上的窥视，其中有了很大的区别。起先我们下山又上山，还不过揭开了一日行程之序幕，及至半上午的时分，已到达了当中一座分水线上的山顶，下面低处，似有一道河流，也可能是一线溪水。上面有一座白色桥梁，只不过半截火柴模样，也可能是一座独木桥。再走下去，听到该处有一种冲刷着的声音，也不过是潺潺溪水的派头。只是越向下走，其低处愈深，我们好像走向一个无底洞。大概下午一点半钟时分，到达最低处。原来当初看来好像火柴的桥梁，竟是一座花岗石砌成的大石桥。起先听来似为悦耳的声音，此刻是怒潮澎湃，声如洪钟，无乃一派狂涛被河床上大石块阻挡所激发。假使我们是闲情逸致的旅行游客，大可以在此欣赏景色，拍摄纪念照片，可是想到至此还不及全日行程之半，而下半天行程尚要上坡，至此不免心慌。

在下午的行程中，我们仍是各尽其力，企图赶上驮马队，可是各人只能根据自己的体力作主，不到半小时就已在各人之间产生了距离。李承露身材高大，总是捷足先登，田海男居中，由我殿后。时值雨季，有时一阵倾盆大雨劈头劈脑的淋来，有时只也细雨霏霏，而当中又可能有五分钟到十分钟的太阳露面。总之就是上半身潮湿，脚底下泥泞路滑。约至下午四点半时分我还怕自己过度的落伍，黑夜来临无法支应。不料突然在前面的山坡上一株大树旁,发现田海男已倒卧路上,脸色苍白。他已经被疲劳困窘了。

我知道在这时候失去了信心、放弃了挣扎的能力,只有凶多吉少,于是强要他站起来。

"我不行了,"他意态阑珊地说着,又加着说,"你们走吧,不要顾我。"

我接着以老大哥的态度对付他:"你不要胡说八道,赶快站起来!"可是我也没有忘记自己胸中的恐惧。直到他真的挣扎地站起来,我才知道我们开始行路的三个人,至此也还是三个人。同时也暗中钦佩赶驴子的老头子有先见之明,宁可损失驮鞍与毡布。要非半夜逃走,他的三尺毛驴,很可能被我们拖死在这大山坡上。我和田海男也不知如何竟又能蹒跚着继续爬山,大概后来张口喝下了一些雨水,体力又慢慢地恢复了,我们找到宿营地时,已是伸手不见五指。只有村庄里的一桩灯竿在高处衬着天空,给我们带上无上的安慰。果然这就是早晨领路人所手指着的村庄。

有了那天的经验,以后军中同事说及行军之困苦,有如队伍分散,营养不良的新兵又无适当的铺盖倒死过半,连排长能顾前不能顾后,天黑时扛机关枪的兵员还不对数,心急如焚等等,虽说他们经行的道路没有我们跋涉一段的艰难,我也可以闭目想见其实情。即是田海男和我的故事也已由他写成文章,刊载于书刊,由他父亲大戏剧家田汉加笔介绍,田伯伯还以推己及人之心,想及自己的孩子倒卧路旁(当日海男只十七岁),千里之外无从救助,而此日此时,中国人之为父母者又不知多少千多少万，也处在同样情形之下，只是子女的音问渺茫，不敢从坏处着想罢了。

所以我想兵大爷不顾前后，抛弃装具，天热时撕军毯为绑腿，只是理之当然。这时候不能看到他们晚上骨悚着，两个人三个人卷在一张毯子下，赤脚伸在外面为不可悯。也不能因为如沈特务长之所说，因为他们都是"没有良心"，就可以骂之"活该"。

我们前方的部队间时要派兵到平坝师部运食米，兵士们看到仓库里新军毯堆积满库，他们也真的没有良心，骂师长阙汉骞为"阙汉奸"。我去见师长时，即使大胆，也不敢把军士给他的称呼提在嘴上，只不过说起过去事是过去事，现在只有瞻顾目前，否则保存着新军毯，师长已不能维系军心了。

"怎么说我爱惜军毯?"师长当场质问我。可是他也随即大笑。"哈，我不过因为下两个月还有批新兵要来，才控制一些军毯给他们。"说到这里他又沉吟了一分钟，接着又说："好了，算了，我也不留了，你回去，我马上要他们把这批军毯发下来。"果然不出两天，各部队都在造名册，点检现在装备，准备领发新军毯。

这年头军队之经理虽未明言，已采取一种包办制。军需署和兵站能有力供应的尽力供给，不能供应的或发代金或者就整个的抛置不提。当时人说，当一个师长一年就平白也要挣上万把块钱，当一个团长至少也有二千块到三千块的收入，可能确系事实。即是各部队的军需处长大都是部队长的亲戚称当。我也曾听到人说："凡是当过军需处长五年以上的，都可以全部抓来一律枪毙，当中没有半个死得冤枉。"

可是当日就觉得说这样话的人半似嫉妒,半为羡慕,全没有顾及经理人的责任。以后还靠在国外读历史才领悟到人世间的事情,确有"不能在数目字上管理"之情节。不能全用"贪污腐化"四字笼括也。

十四师在马关县时,时值八月,士兵尚只有草黄色夏季制服一套。应有的背心衬裤,全无着落。我们只能在雨季趁着有半天太阳露面的时候,带着士兵到附近河边沐浴,即时裸体仍将军装洗涤,在树枝上晾过半干,又随即混笼穿上,以代换洗衣服。及至九月,师长才奉到军政部发下的一笔代金,算是应有另一套夏季制服之采办费。这笔款项发来就不够用(如果充足就会发实物而不会用代金了)。并且后方既输送困难,前方一片山地,也无采购处。还是阙师长有心计,他命令一个军需化装为商人,在国境交界处将法币换为越币庇亚斯特,即在越南购得一批白布,回头用本地的染料,蘸染为黄绿色,在村庄里裁制为军装,也顾不得服制之规定,一律单领无袖短裤,有似运动员之服装,不过在此我们的士兵至少可以有衣服换洗了。

我们下级军官虽然吃尽苦头,胸中仍带着一种希望:看来我们在滇南山上,日本人在山下,此战区战斗一展开,我们很有冲出国界,作远征军之可能。至少"首先在国外作战",必为一种光荣。在我们报到之前,师长自己就带着一连兵越界到越南的一小镇猛康巡视过一遍。我报到后不久,也说服了我的营长,营里应当有人明了敌前地形,于是经过他的允许,我也通过在新店的前哨去过猛康一次。

可是猛康地方小,也没有日军盘踞,当地的里长虽不操华语,也识汉字,可以纸笔交谈,法币也能在镇内通行。我穿国军制服前来,并没有人阻挡,总之既无冒险性,刺激的因素也不高。只有河口与老街对峙,老街则有日本军驻守,又在铁道线上,才是我们憧憬向往的地方。

这时候河口与老街都已划在第一集团军的防区与前线之内,总司令为卢汉,乃是龙云的旧部。十月时分,哀牢山上的阵雨已没有夏季的频仍,我趁着全师军官在平坝集合听师长训话解散之后再私自前往向师长建议。

我的理由是战局一经展开,现在各军师的责任性防线不一定能保持(当日我们中央军保有一个共通的想头:云南地方部队的样子虽好看,作战时靠不住)。十四师首当兵团的分界线上,应当对右翼的敌情和地形有确当的认识。如果师长允许,我可以集结十六期一总队的同学向前方和右翼有系统的作一度军官斥候。至少我们可以把老街至猛康一段的兵要地志记录下来。即使来日作战各同学分布于各团营,也可以在军前作向导。经过一段慷慨陈词之后,我还在静候师长的反应,想必他还要推说询问参谋处长或情报课长,不料他立即叫勤务兵拿笔墨纸张来,当场令军需处发给黄排长五百元,作为巡视前方的路费,并且给我们十天的时间完成我们自己请膺的任务。

于是我以斥候长自居,并且凭借着"斥候长本人务必行走于最危险的方面"之原则,让我自己和朱世吉向河口老街进出,而让其他的同学分作三组,约定都要走出国界,在附近村庄里侦察一番。

我们在河口换上云南老百姓的蓝布袄,凭外交部专员公署发给的商民出境证,只有当天有效,可以出入国境。国界即是红河,水流湍急,以舢板划渡,只有越南人检查通行证。可是我生平第一次的看到敌人!在老街的市场上就看到一大堆。我又在大街小巷上统统巡行一周,以便回头和朱世吉印证凭记忆力补画地图。也通过小桥往西部住宅区经行一遍,看到日本军队驻扎的地方。当日最深的印象乃是日军全无向我方作战及戒备的模样。红河南岸也全无军用船只和作渡口的准备。在住宅区一条小巷里,我还看到一个日本兵穿着有缠腿带的裤子,却未扎绑腿,足登日本式的拖鞋哼吟着而来,好像平日家居一样。我的好奇心重,遇着日本人就瞪着眼睛瞧,对方也全未对我注意,我听到在河口内行给我的警告:对于日本人倒用不着十分提防。但是当地有越南便衣侦探,不可在他们面前露马脚。我也在街头看到一排越南兵,由一个骑马的法国军官率领。可见得日军虽占领了整个越南,对于各地的治安仍责成当地的部队负责。

其实老街无特殊之迹象,反之我方的河口,倒是间谍、走私商人和冒险家活跃的好地方,我们只逗留了两天,已得到了相当丰富的资料。走私的出口货以桐油、水银与矿砂等军用物资为大宗;进口则为香烟及鸦片。如是占体积而不为常用之物资,不能没有庞大的资本主持,其交易也必有两方驻军之参与和默契。河口又有公开的赌博场所。我们既化装为商人,也在老街买了些洋烛香烟回来在河口出售。晚上也参与骰子戏。我的运气好,赌大小也赢,赌单双也赢,偏偏朱世吉不争气。我一赢时他就输,我转让他多少他就输多少。到头将做小贩的利润也输光。好在这样回头向师长报告的时候用不着提起这一层,既无利润,也避免了良心上的谴责。

我们经行的路线靠原有的铁道线不远。在一座山上，我们发现一个大石窟，里面有兽粪和熄灭了的火把之余烬，从痕迹上判断，其必为走私之驮运队夜行晓伏的休歇场所，看样子总有好几十匹骡马不久之前在此停顿。因之也不能相信驻防之友军毫不知情。更可以想象和他们比肩作战之令人寒心了。

还有一天，我看到一个军官带着一个赶驴人和三匹驴子北行。看样子所载运也是走私物品。他的蓝绿色斜纹布制服表现着他属于第一集团军。只因为山上路侧，我回避在一个小山尖上。当时大意，还没有想到对方对我的观感。这时候我穿的是中央军的草黄色制服，又将双手叉在腰上，大有一个占据着制高点，横截来路的姿态。朱世吉还在我后面，从下面山路向上看来，也不知人数多寡，总之就是狭道相逢。直到这时候来路的军官打开腰上纽扣准备掏手枪，朱世吉才很机警的将双手左右挥张表示无武装，不带敌意，并且借着问路而表示无意查询他驮载之货品。他问着："同志，请问到芷村向哪方向走？"

那人很轻蔑而又粗犷地回答："不晓得！"

等他走过去不在我们声音能及的距离，朱世吉开始对我表示抱怨，责备我的不谨慎，还说什么假使我们被走私客射杀山岗上，还不知道死为何来。后来我们给师长的报告即强调如果入越作战不要看轻越南军；在滇境作战右翼右军不可靠。

我们向师长直接报告，当然影响到指挥系统，至少使师部的军需处副官处和参谋处都大感不快，更用不着说搅乱各团营连的组织，这样的情形难道他不知道？为什么他让我们在师里造成这样一种特殊情形?

事后想来,当日国军之存在,本身就是一种特殊的情形。本来动员三百万至五百万的兵力和强敌不断地作八年苦战,为中国历史向来之所无,而且军队系社会既成因素所拼合出来的一种产物。严格说来,我们的社会即罄其力也无从支持几百个师之现代化的军队。而以抗战的后期被驱入内地时为尤然,所以当日的统御经理无不勉强拼凑,至于尚有中央军与地方军的区别,则更是社会未经融合的现象。

当我们向十四师报到的时候,一切已到最低潮。日本人偷袭珍珠港使战事扩大而为太平洋战事还是几个月以后的事。这时候师长的设心处计,就以保全士气为前提。师部进驻于平坝之日,装备与补给既已如我所描写,即人员也有极大的损耗。概略言之,无一营连保存原编制之三分之二;一般不及原额半数,还有些部队低于原额一半远甚。师部也不时接到补充兵,可是军政部说是拨补三千,到师部不及五百。而且到抗战后期,所征的兵质量也愈低下,不仅体格孱弱,而且状似白痴,不堪教练。师部的办法即是抽调各营连可堪训练的士兵,组织"突击队",集中训练,其他的则归各部队看管,也谈不上训练,只希望来日作战时在山上表现人多。

即是所谓"行伍",也是人事上一个严重的问题。我们平日一般的观念,总以为行伍出身的军官有实战的经验,我们军官学校出身的干部只有外面好看,实际上的领导能力,尚在未知之效。其实这尚不过当中轩轾之一面。另一方面,这两个集团代表社会上的两个阶层。行伍出身的与士兵接近,带着"粗线条"的风格,我们跟随着他们吃狗肉不算，还要能说粗话，在意气争执时胆敢拼命，对待部下和老百姓时不会心软。沈云霄所说"兵大爷全没有良心"，也是基于这种要求，而沈特务长也是行伍出身。

我们在军官学校里念过兵法之所谓"视士卒如婴孩，则可以与之赴深溪"。然则这也只是当中之一面。同一的兵法也再说着："语频频者，失众也。"也就是不能三言两语约束部下，而要再三苦口婆心啰哩吧嗦的规劝他们，即已表示带兵的业已失去驾驭部下之能力。中国不识字的士兵通常被认为简单纯洁。其实简单则有之，纯洁则保不住。我营曾有看来极为笨拙的士兵，在夜晚轮值卫兵时与村妇偷情。他们也都保持着所谓"原始式的英雄崇拜（primitive hero worship）"。如果排长能制压顶顽强的班长和副班长，他们就绝对服从排长。如果班长胆敢和排长口角，甚至胆敢殴打排长（这样的事不多，但是我营里即有一起），则后者的信誉一落千丈，也无法做人了。此时军纪之不能保持，也仍与供应有关。我们的中士班长和下士副班长，大抵都是抗战以前所募兵，当日曾经过一番挑选，自此也有了战斗经验。譬如我排里即有一个下士副班长，人人都知道他在湖北阳新，"两颗手榴弹救了全连的命"，"即连长也要对他客气几分"。如果作起战来，只有这样的兵员才能算数。以前笼络他们的办法，还有升官加薪。可是迄至1941年少尉月薪才四十二元，下士二十元，还要扣除副食；而在街上吃一碗面，即是法币三元，所以利诱的力量不充分，而且也不便威胁。如果他们在兵众之前"没有面子"，则会"开小差"。此非携械潜逃（那会抓着枪毙），而系投奔另团另师，只要离开本连耳目，可以另外开名支饷,虽说上峰不断的严禁收留这样的逃兵,各部队都在缺员期间,一纸命令抵不过各部队长自利之立场也。

如此我们与士兵间的距离,阶级的成分不计,实际上也就是没有共通的语言。我们无从把组织、纪律、士气、责任感和与国运盛衰的关系之诸般抽象观念灌输到兵大爷的头脑里去。至此也恍悟师长之赞扬行伍军官,也不过是给他们面子,只求说得斩钉截铁,而我们把他一场训话当作他的全盘旨意,怪不得反要受他的责备了。

可是虽如此,我们的生活也实在的在极度的苦闷之中。如我所在之连,连长包克文(三年之前病逝于台北)在我报到之日带着连里的"大排长"(中尉)和连里堪用的士兵到贵州去押解新兵,一去几个月。另一个少尉排长田辛农(现在台北)则被调往师部突击队训练有特殊技能之士兵。起先只有我和沈云霄二人管带连里余下的士兵,后来即连沈特务长也被差派到军部服务,于是全连只有我一个人,所有管理、训练、卫生诸事都在我头上。阙汉骞师长也曾一日来到我们驻扎的一个农户里。当他发现我一个人带着三十六个兵,只是当场大笑。我想他一定知道我们志愿赴越南搜集情报,也是百般烦闷之中找新鲜的事做,也与他麾下的士气有关,才尽量鼓励。

为什么照顾几十个士兵竟有这么多诉苦之处?第一,我们下级军官最怕士兵生病。一天早上一个士兵眼睛发炎,第二天会有十个发炎。还怕他们偷农夫的玉蜀黍、煮食他们的狗。在当日的情形,实际上之考虑超过道德上之动机。因为士兵一有机会,必贪吃得生病。在滇南气温昼夜剧变、疟蚊遍处飞的情况下,小病三天,即可以被拖死。而且我们也害怕士兵会携械潜逃。和我们驻地不远山上的土匪，就出价收买我们的步骑枪和机关枪，机关枪每挺七千元，等于我们一个士兵四十年的薪饷。很多部队长即在夜晚将全部军械用链条锁在枪架上。

我在这时候已对我们的师长有相当的佩服。我想，我带着三十六个兵，已感到难于应付，夜晚也睡不着觉，则他带着四五千这样的兵，担任横宽五十里纵长百余里地带的国防，既要支持像我们一样在军官学校刚毕业初出茅庐的小伙子，又要顾及军需处、副官处和参谋处的各种反应，仍然安枕而卧，谈笑风生。同样的情形下，我对最高统帅，只更有佩服。我想他以这样的几百个师去和日本一百多万大军作战，对方有海陆空军的优势力量不说，而且很多将士抱着"祈战死"的决心，今日想来仍有余悸。况且自学历史之后，更体会到中国在财政税收上不图长进，对内不设防，只靠社会价值（social value）组织简单均一的农村，一般平民缺乏教育，至少都有几百年的历史，因之对当日很多人不顾历史背景，也在国难当头的期间不赴公家之急，而只在事后一味批判，动辄谩骂负责人，不会同情倾慕。

真的我们全部贪污无能？我自己在国军里只官至少校。可是1945年冬在第三方面军司令部任上尉参谋，曾和少校参谋莫吟秋（今已失去联络不知出处）同督率日军第六十一师团步兵两个联队和工兵联队修复沪杭公路。当时日军分属战俘，名义上由我们司令部高级将领命令之下分派勤务，而实际那次自始至终从营房至野外，一个多月内，与他们接触的，只有我们二人。有了实地的经验，才知道只要一纸命今，指挥区处日军毫无难处，他们一切全部循规蹈矩，惟恐不符合我们旨意。倒是要惊动我们自己的各部门，麻烦就多了。军事机关的接洽，到处责任分歧，总是科长不在，处长不在，"最好请贵参谋明天再来"。即是一个驾驶兵，也自分为技术人员，首先即无阶级服从之观念，倒要参讲理由。翌年我又被保送入美国陆军参谋大学，该校每一学期各学员之成绩，评定为全班三分之一上、三分之一中和三分之一下三等。我虽不才，在国军里保升少校还几次遭驳斥，和美国资深学员竞争，还用他们的军语和习惯作根据，却能始终保持三分之一上的纪录。我们的联络教官伍德克（Major Roger D. Wolcott）经常和我们说起："要是在中国行，在外国一定行。"伍少校在中国居留多年，他所说表面上看来是称赞中国人才，实际上则在指出中国社会未上轨道，多时即有能力无从发挥也。

阙汉骞将军确是在某些方面能做我们不能做的事。有一次他和我们闲谈，他就说起，"很多人以为我很好玩。我刚来平坝的时候，这里地方先生也是这样想。后来他们一位先生的儿子盗买我的机关枪，给我捉到枪毙。这一来，他们才晓得我不是那样好玩了。"我们一打听确有其事。在我们报到之前真有当地士绅的家属偷买机关枪，经师部审明将买卖两方一并枪决。据我猜想，他当时不得不如此，哀牢山上实际是一个化外之区。要是他一宽纵，任何事项都可能发生。他也深怕自己不拘形迹平易近人，有些部下误会以为可以在他面前违犯军纪。所以他逢人就说，好像他真能杀人不眨眼，借此向远远各方发出警告，我不相信这是他的本性。

我也始终没有机会亲见阙汉骞将军乃一员"猛将"的实际情形。可是从多方观察，我相信他从里到外、从上至下都具备做猛将的性格。那年年底，刚在珍珠港战事不久后，日军三犯湘北，我父亲在长沙乡下病危，我经师长亲自批准短假回家料理。后来又因父亲去世，改请长假（亦即是脱离十四师），也蒙师长批准，并且他亲笔写"葬父迁母，孝道无愧"作鼓励。两年后我在驻印军当上尉参谋。十四师和五十师也由云南经空运至印缅边境，改隶驻印军的战斗序列。阙师长以代理军长的身份随来。我衷心希望军中有此猛将。驻印军每月有呈最高统帅的月报，由副总指挥郑洞国将军（最近在北京逝世）签名不经过总指挥（史迪威），是国军野战军与重庆的机密联系，我是最基层的执笔人，就趁此机会，在报告里提出应升阙将军为军长。在国军的政治体系里郑属"何老总"（何应钦将军）、阙属"陈老总"（陈诚将军）的体系，可是虽如此，那月报也真如我拟稿的发出，后来因为史迪威要将十四师和五十师分割，隶属新六军和新一军，此事未果，阙将军也匆促回国，他对我们的提议全不知情。只是我们司令部里有"黄仁宇以上尉参谋的资格保军长"的传说。然则事既不成，我们也无从以创造"科员政治"的奇迹自居了。

阙代军长在缅甸的一段短时间，我和他没有隶属关系，更可以凡事必说，虽然以我们阶级之悬殊，也无记挂。有一天不知如何说到男女关系的题目上去了。他就说："听我讲，这时候要对方半推半就，那才真有意思。要是她凡事依从，脱裤子还来不及，那就兴味索然了。"没有另外一个长官会讲到如是之直切，也可见得即是涉及私生活他全无意掩饰。

　　他那时候极想观察驻印军在缅甸的部队情形和战法,如果他以高级将领的名分参观,必会兴师动众,也怕各部队长认为有政治作用。乃由他和我私下商量,全不惊动各方,由我私下安排,派下指挥车一辆陪他花了一个上午,通过前线各营连的位置,也停下来和下级干部与士兵闲谈(也在敌人炮兵射程之内),驻印军虽然在这时候一路打胜仗,部队间也仍不能完全抛却某些坏习惯,例如夸张敌情,贪报战功,暗中倾轧等等,也不知道如何阙将军全部洞悉。有一天他就和我说:"每个人都说以国体为重,可是看到美国人就扯媚眼!"此中不较修辞,也是阙汉骞之本色。

　　不少在台湾的朋友,想必知道阙将军乃是当代书法大家之一。他在军中长期的嗜好乃是习草书,我曾在报纸上看到他曾在台北举行个人书法展览。不幸他给我的亲笔信,都已在战时遗失。还有一件令人惆怅的事则是年前我去普林斯顿大学美术博物馆参观时,看到一本古代名帖,上面注明原藏有人为阙汉骞。中国军人在这一段时间不能表现得更好,总算是时代使然。阙汉骞造琉璃瓦的寿庐被指摘,以作艺术家所收藏的珍品也仍流落海外. 那么我们也只好以杜甫所作诗句"丹青不知老将至,富贵于我如浮云",和李白所谓"天生我才必有用,千金散尽还复来"吊念将军,并以之为我们这一代为他麾下袍泽的未死者,今日或留滞大陆、或流亡海外的一种自我解释和自我慰藉了。

1991 年 7 月 4—10 日《中国时报》人间副刊

附 录

也谈"猛将阙汉骞"

阙德基

读7月4日《人间副刊》连载黄仁宇先生所写"猛将"。文笔潇洒，内容广泛，令人感触良深。黄先生在陆军第十四师所属某团任排长仅数月，即能对阙师长有所了然，虽未尽然，确已很难得了。阙师长是我的四叔，民国二十四年他在十四师七十九团当团长时，我即投笔从戎也到了七十九团，他由我的四叔变成了我的长官。追随他一直到台湾，数十年如一日。他任澎湖防卫司令官时因身体不适退役，后于民国六十一年去世。我曾为文哭奠并撰挽联云："与先严四序列雁行，兄友弟恭，今朝聚首天堂，必共连床话往事；随仲父卅年附骥尾，耳提面命，此日招魂海峤，教从何处报深恩。"因此我读"猛将"一文后，实有必要也谈谈阙将军的生平往事，但我所谈的不是其赫赫战功，而是一些人所鲜知的平凡小事，也可能见到他一些平凡中的不平凡。

战场挥毫

阙将军在家时就喜欢莳花、写字，家里的盆景，别出心裁。他在军中每日临池，不论行军或休息，驻防或作战，挥毫不辍，乐在其中，记得在上海罗店、洛阳桥与日军作战时，他任十四师四十旅旅长，住在一个乡村里，有一天我去看他，他正在写字，我站在一旁没有打扰他，他叫我坐，我没有坐，仍站着看他写字，突然一颗炮弹落在前面田里爆炸了，接连又一颗飞过屋顶爆炸了，我有点心慌，也有点为他的安全着急，他却好像若无其事，照样走笔如飞，这种泰山崩于前而不瞬的镇定功夫，诚非常人所能办到。最后他写了"抗日必胜"四个字才搁下笔来。他告诉我这是敌人的扰乱射击，你如果要怕，则整天躲在防空洞里什么事情也不能做了。他见我当时并未要求躲避，也很高兴，认为我的胆量也是不错的。

臂力有神

阙将军兄弟四人，老大（我的父亲）、老二、老三皆在家务农并长年练国术，可说武艺非凡，阙将军排行老四，上学归来，耳濡目染，也会得一些国术，而他的身材魁梧，臂力更是惊人，在家时与人比臂力从无敌手。民国二十四年他于十四师七十九团团长任内，于江西广昌下坪之役，该团奉命扼守天府山，与十倍于我之共军血战一整夜，战况危急，眼见阵地不守，他急速冲到阵前，身先士卒，有如猛虎出栅，一气投了数箱手榴弹，又远又准，同时全团将士用命、奋勇搏杀，终于转危为安，稳住了阵地，拂晓时敌人退去，全面战局因而获得转机。后来七十九团有很多人都称他"神臂团长"。

夜探茅母山

抗战之初，以十四师为基干扩充了陆军第五十四军，军长霍揆彰。十四师师长陈烈。四十旅少将旅长阙汉骞（黄仁宇先生所述"师长当时是以团营长身份参与这些战役"有误），参加了上海罗店、洛阳桥大战后，转进至秭节渡，沿长江构筑工事备战，但日军迟迟未来，想因上海大战伤亡惨重须加整补之故。四十旅旅部扎在茅母山，阙旅长每天步行上山下山巡视阵地，督强防务，并训示部属"毋恃敌人之不来，恃吾有以待之"。结果敌人终于疯狂般地大举来犯，陆海空联合进攻，尤以长江中敌人舰队火力猛烈，弹如雨下，随后并使用催泪性毒气弹，七十九团第七连郑际林连长首遭其害，转进时我见到他还鼻塞眼肿，声音沙哑。由于此役我军决心死守，阙旅长的指挥所也向前推进了，敌我曾多次白刃相接，反复肉搏，苦战月余，终于达成掩护武汉会战之部署任务，始奉命紧急转进。

三毛有灵性

阙将军的长女名天正，在儿女中排行第三，乳名三毛，人称三小姐，儿时活泼可爱，长成后更美丽大方，事亲至孝，对人亲切，乐于助人，天生一副菩萨心肠。台大毕业后赴美深造，获印第安纳大学硕士学位，夫婿杨姓，广东籍，现在美国大学任教。阙将军现有二子二女,都受过高等教育,各有前程。阙将军何以最钟爱三小姐,当然也有一段小故事,原来在南岳时,全家外出躲警报,正好在一处山谷,三毛忽然大哭不止,同在一起躲警报的人,议论纷纷,并有人说小孩大哭,飞机来时会听得到的,阙将军为使大家安心,只好全家另外去个地方,说也奇怪,三毛也不哭了。等警报解除,才知道那山谷竟落了一枚炸弹,死伤一些人,阙将军认为此女有灵性,有福缘,一哭救了全家,此一陈年往事,当时都为知者所乐道。

报国思亲

阙将军事亲至孝,民国八年母亲去世时,他由长沙休学,匍匐奔丧,灵前痛哭失声,守孝一年,足未出户。服满后又劝父亲续弦以周照顾。父亲将近八十岁时,即准备祝寿事宜,并拟建一座寿庐,以慰亲心,且已征得父亲首肯。只因抗战期间戎务倥偬,未能如愿以偿,一直耿耿于怀,不料父亲忽于二十九年逝世,时年八十有一,更使他痛彻心脾,故决心将曾经父亲首肯的寿庐迅速完成以作纪念。更有蒋委员长亲题"椿荫长隆"中堂一幅。阙师长的老太爷在天有知,必感荣幸了。

费公诲我，我负费公

1970年的夏天，我因友兼师余英时教授的推荐，得到哈佛大学东亚研究所的一笔研究费，于6月全家迁居于麻省剑桥，自此有机会与所长费正清教授接近。

费教授是美国研究现代中国的开山老祖。我在密歇根做研究生的时候就已早闻大名。他的一部名著《美国与中国》也给我大开眼界，读此书才知道美国政坛新闻界与学术界对中国有一段共识之由来。况且我作博士论文的指导者余英时和费维恺（Albert Feuerwerker）也都是费先生门前桃李，于是我也和很多其他学中国历史的一样，自分只是"三等僧众"，以能与大师直接接触为幸。

也真料不到费先生真能谦恭下士。1970年的夏天，天气奇热，研究所所在的柯立芝大厦的砖墙正当西晒，当日尚无冷气设备。一天下午，我独自在一间研究室里解衣宽带赤足。突然有人敲门，仓猝开门，迎面竟是费公（和他接近的研究生都如是称他，一班学生则将他两个名字颠倒，呼之为King John）。我还没有去拜访他，他倒先自我介绍："I'm John Fairbank."同时他又带来门下一位博士候选人居蜜女士。居小姐研究明代社会史。费公就和我说："你对明史既有心得，不妨给她指点。"所以我未行弟子礼，倒已先被作幕上嘉宾看待。

在美国学术界讲我有如"非科班出身"。因为弱冠期间刚入大学，随即投笔从戎，以后在部队里待下十余年，体验过扪蚤吃狗肉各段经历，也曾装腔学做粗线条的硬汉子。自是再回头念书，也免不了在很多地方支吾将就，而尤以外文为甚。我虽然也曾上过美国的参谋大学，可是始终没有将英文有系统的培植得妥当。总是道听途说，满以为无师自通，实际上很多地方马虎松懈。而在哈佛的几个月间也真得到大师费先生一再的指正。中国之方志英文为 gazetteer。如果我在稿本上错拼十次，费公也用红笔给我纠正十次。毫不轻松放过。"物资"则为 material。如果提到时只是一种笼统的观念，有如泛称原料则为单数。如果涉及各种建筑材料，有如砖瓦油漆则为复数。如果我稿本上有任何差错，费公尚在纠正之后，仔细说明原委。这时候他手下的研究生博士候选人和像我这样的外来访问学者已不下一二十人。他自己还在修订《美国与中国》之第三版，有时候尚应各界邀请撰写书评，在电视前发表谈话，而仍然有此耐心，也真令人感佩。

我那时的工作，着眼于明代财政。我既已用"明代之漕运"作博士论文，也参加过富路德（L. Carrington Goodrich）教授主持的《明代名人传》之研究工作，又曾在教书之余将一百三十三册的《明实录》浏览一遍，更曾往芝加哥大学和华盛顿国会图书馆翻阅明代方志。积下来的资料，也算盈筐满篋。至此想写一本专书。虽然只有九个月的时间，猜想只要努力加工，应仍能及时交卷。在哈佛的另一好处则是成书时例收入《哈佛东亚研究丛书》，此乃美国汉学出版品之精萃。华裔教授中之闻名人物如何炳棣及刘子健都为执笔人。所以我虽非常春藤大学之科班出身，也指望所著书杀青，登上龙门身价陡增，不难在纽普兹学校加薪升级。

1970年乃是美国学潮起伏之际。五月初,俄亥俄州之肯特大学即因学生反对越南战争游行示威和弹压的州卫兵冲突,酿成流血惨剧。可是麻省剑桥却反是风平浪静。哈佛的各部门呈现特殊现象者为职业介绍所及雇聘处。大概每年一到夏间,此间教职员学生和眷属多往他处游历或研究,外来的学生和家眷等又莅临进香膜拜,出进之间,各种工作、尤其是临时性质的书算等职位,必有一番更动和交代。此外哈佛广场某晚有青年男女十余人,头发剃得奇形怪状,身穿褐色、黄色袈裟,也不知代表何教何宗,只是手执小铃"锹,锹,锹"地向人化募,而旁观看热闹的多,化缘的少。此外则虽是游人如织毫无其他特殊形象。

我的工作大要是将业已收集妥当的资料筹备整理翻写为英文。即使有时候须往哈佛燕京图书馆翻阅补充资料,这样的出处不多。一般的工作可以在柯立芝大厦内闭户造车。原来我的计划是将所写书包括整个明朝,上自洪武永乐下迄天启崇祯,注意由盛而衰的原因,也注重税收中晚期以银代实物的影响,可是费公严格地指出,那样牵涉过多,内容必泛滥无边际。他一向的宗旨,学生的论文不管题材为何,所概括的时间不过二十年,这样才能紧凑扎实。后来我一再辩论明朝的资料与19世纪不同,才折衷将预定的书刊所概括的期间限在16世纪。费正清先生又说:"你专注于16世纪,并不是其他的时代一字不提,同时你把16世纪写得好,则应当答复的问题必已找到适当的答案。"后来看出这些指点都说得对。

我写的第一章可算一帆风顺。其对象是明代官衙组织及各单位与财政税收的关系。关于明代官衙组织，早有先进学者贺凯教授（Charles O. Hucker）惨淡经营作成专书。写历史总是"后人骑在前人肩上"。他的一生著作我只要仔细拜读，半年也可得其梗概，因之引用起来，不觉即已事半而功倍，何况吏户礼工刑兵六部，府州县三级地方制本来就有它的层次和程序，所以纵使他们每个机关都预闻财政与税收，叙述起来仍不会杂乱无章。我给费公看的稿本经他褒奖，"你写得好，既正确又明了"。可是另一方面他也提出作历史的重点在"分析"而不在"描写"。这一点却伏下了我与他的关系日后发生隔膜之一大主因（见他1970年7月8日来信）。

7月中我交第二章稿时，情况已不如以前的完满了。首先他给我的评语（手写）即是牵涉过多，缺乏组织，我自己再读原稿，也确实如此。我再花了两个礼拜的工夫，一度改稿，也加入了一套数字，再附一段短笺，对我自己注重描写的立场有了带防御性的辩护。费公给我的答复更使我读来悚然。"我已经用尽了所能'给你的'劝告了"，他给我如是坦白的写着。最后他说今后这稿本让一个第三者阅读，因为他是经济史专家。

原来哈佛东亚研究所是一个跨越各院系的组织，所引用的研究费用，也按各部门分配，即是像我们访问学者所作研究之成果，也代表各不同院系教职员的功业。这样一来，问题可麻烦了。给我看稿的经济专家暑期周游国内外，8月初回剑桥，他给我第一段评语即是："作此等书务必先根据人口统计和耕地面积的确实数字。黄的文稿无一项可供读者抱有信心的因素。"我知道此人自己的著作一向以计量经济学（econometrics）为依归。我曾到他的办公室里和他对谈。他不能对我给传统中国的看法存信心，我也不相信他所掌握的计量经济学之万能，竟可以代替古代中国的历史。我和他说及不仅今日我们无法确知明代的耕地面积，即是明朝皇帝和户部尚书也不知道其确数，否则即不会有张居正丈量所发生的问题。我又对他说："你这样不是要我做历史家，倒是责成我做财政改革者（fiscal reformer）了。"这当中有一个历史不是说明为何如此的发生，倒先要主观的咬定"应当"如是的发生之存意。至此他也笑了。

可是东亚研究所的安排如此，因是也不知道是他使我的写作徒增障碍，还是我使他的生活由简单变为复杂。我听到他在接过我的电话后叹气，也无从断定我给他的麻烦是否超过他给我的烦恼。我曾向费公建议明代财政史不属于经济史，因为当日的财政税收不按现代经济的原则。言外之意，若是要找另外一个评论者，也要从汉学里有根底的人中另觅高明。这样的建议，又等于由一个外来的人干预哈佛大学的行政，也使费正清所长无从接受。而最重要的，我的文稿也确实表现我的弱点，跨地过广固然是资料使然，但是我的陈叙缺乏严谨的组织也是事实，读来总是不顺口，要是我没有这些弱点，还可以指望费公的袒护了。

1970年8月，我陷于生活里一段危机之中。纽普兹学校听说我得到研究费，"不久即有专书在哈佛大学出版"，已提议给我升级为正教授，而这时候东亚研究所给我的一万元花费将半，九个月的时间也耗用了三分之一，而拟定所著书尚无头绪。哈佛的专家尚且建议我放弃笼括明代财政税收的想法，专注重于官僚组织之作风。他的着眼不是完全无理，但是他忽视了我已搜集的材料和准备的工作（例如全明朝八十九个户部尚书的传记）以及另开门面的工程浩大。

此外我更有一段切身的困难。我们租住奥浦兰路（Upland Road）的房屋只及于暑假的三个月，9月将届，房东回府。我在其他各处寻觅的房舍，因值哈佛开学的正常季节，所索租金非我的生活费内可能从容支付，并且合同统为全学年无一例外。我在东亚研究所的临时位置，只及于夏季和秋季学期。预定明春我仍须回纽普兹授课。在纽普兹所租公寓房间也不便放弃，倘放弃则明春寻觅栖身之地也更为不易，况且内中的家具也无法安置。8月下旬的一个中午，我又去见费公。这次我没有去他的办公室，只待候他中午去餐厅进餐时在走廊上拦截他。即是今日我回忆至此仍然感到当时的尴尬。我申请研究费已经表示写书发表胸有成竹，不意到剑桥后不能兑现，既生枝节，又有支吾争论，现在工作尚无头绪，更要请他对生活问题通融照顾，不免忸怩。

我问他是否可以让我将家眷送回纽普兹，以后我的研究工作一半在家中做，每两星期后来东亚研究所住留两星期，以便引用图书馆并且和他接触。他的淡蓝色眼睛对我看着约半分钟，可见得这问题也仍须考虑。可是他一经思量就很快的答复："这有道理（It makes sense），你写一封信给我，将你的建议放在纸上。"

费正清在麦卡锡整肃左派人物期间受威胁，而即在经理哈佛东亚研究所的时候也要顾及各方面的倾轧。学人虽属自治团体，可是里面的争吵不休，中外一样。费公也亲自告诉我他的处境艰难，所以凡事都空口无凭，有书为证，确有必要的顾虑，至此我也更体念到我提出回家工作的要求时，他迟疑了一会之由来。以后我再回想到当时情节，仍免不了愧疚交并。

三天之后，我的申请得到他的批示。他信上说，这事向无先例，可是只要我的工作因此安排而有效率，他就想不出有何原因不予同意。因为颁发研究费的目的只在促成我的工作，使我能早日成书。

自此之后我于9月中，10月中，11月中和12月圣诞前夕都去过麻省剑桥，每次交稿卷一章，1971年正月之后，纽普兹已开学，我的最后两章书稿用挂号寄去。我的允诺每次到哈佛居留两星期的条件并没有完全做到。只有第一次住了十天，以后我看到无人对我来去存意，也就将时间缩短以节省旅费，增加工作的时间。这多次的来去也没有惊动费公，只有11月中的一次他留言他的秘书，叫我参加他当晚家中茶会，那种集会纯系社交联谊性质，我难得如此轻松的机会，所以当场彼此都没有提及文稿一事。我最后将稿寄去时，则知他已去南美洲。

为什么我回纽普兹之后突然秃笔生花，写下来的各章也有体系，以前的结构问题都不存在，以致出版后获得一致的好评？这决不是此地山水钟秀。原来我在8月间的一天，危机的成分尚未解除之际，心内焦急如坐针毡，只好放弃一切写作在街中信步走去。穿过波林士顿街的宿舍区之后即转入纪念驰道（Memorial Drive）循着查理河东行，更因为内心的逼迫，只是越走越快，未顾得街上情景，也忘记了路之远近。及至陈家餐馆（Joyce Chen）已是汗流浃背。在餐馆里既喝热茶又灌冰水，更因着室内冷气一身清凉，也不知灵感如何产生，只是此时此刻之后，对于写中国历史已经启发了新的南针。大概这问题在脑内郁积已久，又感到逼迫，才有了今后的决心。

写中国历史，尤其对付传统中国，不应当先带批评态度，因为那样也有一种要求历史"应当如是发生"的成见，我们务必先穷究历史"何以"如是发生。循着这原则，现代社会科学分科的办法只能在写出历史之轮廓构画已成之后引用，不能在以前引用。因为这些分科办法已是欧美社会业已现代化之后的产物。假使我们依靠它们作出发点，仍脱离不了历史"应当如是"衍进的窠臼！

例如以明朝治理财富的立场上讲，我们首一要务乃是树立这种离奇古怪的制度之本身逻辑，中国因为防洪救灾以及对付北方游牧民族诸般需要，在现代科技尚未展开之前，即已创造了一种中央集权的体制，此时骂它无益。我们务必想象此时统计尚弄不清楚，一项文书动辄就綦时一月才到京师，主政者如何能贯彻这中央集权的宗旨。其答案则是大致以保持现局为前提。对外隔绝，以避免其冲击的力量。不主张各地区的竞争，注重数量，不注重质量。以落后的单位为标准，不以最前进的部门为标准，因此才能保持内部的均一雷同。推而广之，以仪礼代替行政，用纪律代替法律，只要外间的形貌过得去，用不着考究实质上的功用。所以同一财政上的名辞，可以在不同的地区代表不同的事物，财政单位也可以有收缩性或扩张性。此中好坏不说，总之这些原则综合起来也成系统。又因为以上诸般原则，并没有由前人明白道出，写历史的人最好先找到一件具体之情形（case history），从确实已经发生的情形，推论而为抽象之原则。

此后不仅《十六世纪明代之财政与税收》根据这方针写出，而且我认为传统中国"不能在数目字上管理"这一观念也因此而产生。以后写出的《万历十五年》更是整体的引用上述方案。骤然看来这是与费公治学的方法背道而驰。他重分析，我重叙述。可是在我执笔作书之前，脑内也必经过一重分析的阶段，不然我无从发现以上诸般原则，如果我写的历史能算有创造性的话，这也仍是因为他不肯随便通过我未成熟的作品，因此被激励而产生。

此项写作的方针既定，1970年的秋季和冬季，我夜以继日将以前业已搜集的资料整理翻写成书，平均每日工作十二小时，每周七日，除了来去剑桥之外毫无间断。纽普兹的朋友以为我仍在哈佛，所以我们也无人打扰。我每天穿睡衣浴袍，至晚则和衣而睡。午饭和晚餐即由内子将刀叉盘碟接递到手，餐桌即成了我的书案。发长也不剪，应看牙医也延期。每天早上我害怕我的打字机惊扰邻居，好像只转瞬间，下午的斜阳已在庭院。公寓内外的小孩子业已放学，他们的嬉笑使我知道当天工作的时间业已用去大半。这期间缺乏哈佛经济专家的批评，使我能专心一志的工作，更是逗留在纽普兹的好处。我和内子说及将来成书后，费正清先生可能尚有议论，可是这是以后的事。如果我们争论不决，到头一事无成，反而辜负他的好意更多。在这期间我也仍给友兼师余英时知道我著书的进度。

《财政与税收》全部文稿交出后，我写信给费公，如果哈佛东亚研究所对文稿有何问题，我可以在接到通知之后二十四小时内来剑桥当面答复。可是至此并无只字回音。春假之后，1971年的上学期又飞快地过去，夏季来临又无消息，于是我将复本寄英国剑桥大学的崔瑞德教授（D.C.Twitchett）问他是否可以询问在剑桥出版之可能。崔本人是《唐代财政史》的作者，我曾和他在学术研究会上认识。他的回信，立刻可以使我欢欣鼓舞。他善意的恭维我说，他自己在这文稿里"学习到"很多以前不知道的事项。他的结论说"虽说我不能替剑桥大学出版社发言，可是我想你把引用书目和注释整个寄来，他们会高兴接受的。"

这事我没有通知费公。我只想待到明年一月，则全稿交出整一年，到时哈佛仍无消息，我才可以名正言顺的请求将原稿收回。可是也料不到我和英国方面的接触仍未妥定的当头，1971年10月（去我预定的一年早三个月）我突然又接到费公的一封短柬。他信上说他一直事忙，不知道我文稿的下落。至此我只好硬着头皮写信给他，说我已在另觅出版社，只是没有提及剑桥大学出版社和崔瑞德，我诚恳地告诉他，我和他的评论人立场相去过远无法合作，"如果这样拖下去可以拖上很多年，只有使彼此不快"。我又继续说及我虽和另一出版社接洽也并无定局。如果文稿被拒绝，可见得他的评论人对，我无话说。可是真有机会在外出版，"则我的书如像一朵野菊花般的开得旺盛，既不在您的庭院之中，您也应为之骄傲，因为您是最初的浇水人"。这封信寄出后我如释重负。本来在《哈佛东亚丛书》出版是一种特殊的待遇，不是访问学者的义务。研究所所长费正清教授给我私人善意的照顾,则是另一回事。即算我负费公,也还是如此光明磊落提出的好,当时总以为这事已就此收束。

又真料不到此信去后,再接到他的一封信。费公说他对我的文稿仍旧感兴趣。他已和我的评论人商量,如我接洽的出版社无着落的话,哈佛至少可以抽出稿中一部出版,或者题为《明代财政论文集》(Essays on Ming Fiscal Administration)。这当中也有一段解说:当我还在哈佛与评论人争执时,他说我的文稿只是"未完成的论文"(incomplete essay)。我就反驳任何历史著作都可以视作未完成的论文,即是吉朋的《罗马之衰亡》亦复如是。其实《十六世纪明代之财政与税收》成稿时已二十四万字,附有二十六个数目字表,和一千三百七十段注释,每段注释都提到两三项文件,当中有一段提到十七项出处。除了田赋盐税兵饷等重要收支外,也包括了捐监与泰山进香的收入、铸钱的情形和淮河里制造粮船的实况等,其好处则在其详尽。我无意任之分割碎裂。可是费正清的来信,显示着以他学术上的声望地位不说,只因着哈佛的经理,斡旋于两个意气用事的人之间,极尽其容忍,令人心折。

《十六世纪明代之财政与税收》在英国也受了一段折磨。即临到最后排印期间也因为阿拉伯人的原油罢市,英国能源短少,全国工作减半而停顿。最后在剑桥大学出版社出书时已是1974年年底,去我原稿完成已近四年,我立即寄了一部给费公,表示对他的"尊敬、景慕与感激"(respect, admiration, and gratitude),也收到他一封热情洋溢的回信。

近多年来费正清教授失去了他在研究中国实质上的领导地位,虽然他的文字仍见于重要刊物,他自己也间常出现于电视,可是他的言辞已失去了当年的斩钉截铁、锋芒毕露的色彩(比如他曾说"国家"一字不见于传统中国之字汇。又说国民政府戴上了"双焦点眼镜"既复古也维新)。1976年我有一份稿件请他支持,他答应看后却一直没有回音。可是三年后他知道我在纽普兹被排挤失去职位,曾不待我的央请,令他以前一位高足,现任中西部一间大学法学院院长的给我电话,不待面试愿意授我职位,只是我也有原因辞而未就。

他的自传《到中国去》(*Chinabound*)出现于1982年,虽然内中也有很多有兴趣的段落,只是也表现他为优秀主义者(elitist),即是他交往的中共人物,也限于风采翩翩受过高等教育的角色(大凡治学的人都有优秀主义的趋向,连我自己在内。但是以这种态度对付现今中国广大的群众运动则非常的不协调),也暴露了他对蒋介石的愤怒出于感情作用。书中也有对某些人不必要的奚落,如亚索甫(Alsop)、李约瑟(Needham)和一位台湾的官员(未具姓名),书中提出他在哈佛费公给他不及格。

费正清先生给我两点最大的启示,都出于他的著作中,一是他接收着他自己的恩师蒋廷黻的判断,认为不少的中国人对西洋情事非常清楚,对中国内地实况却反而茫然莫识。另一则是中国有她本身的特征,即现代化亦会保持她的特色。从这两点启示,我可以对中国前途保持乐观的看法。不少的人没有领悟得到,中国很多情事好像由上端人物片面决定,其实则领导人物无不迁就下端。自我从军时在内地的情形，只眼看来即是缺乏有效的方法控制下端。刻下中国已逐渐能在数目字上管理，情形可望好转。还有些人不仅对中国期望过速，而且盼望改革的后果也是极端的西化。这不仅不可能，也不需要，即日本经过美军占领，战后改造全受美国指令，到头日本并没有成为美国之翻版。所以今日中国纵有千百种不如人意之事，只要步骤上是朝安定康乐的大方向走，我们应当鼓励协助其完成。这种乐观的看法，已不复见于费正清最近之书刊。

我给费公最后的一段短柬自称为"不听指示的学徒"（Your Wayward Disciple）。我也自认我负费公。可是即算我是不及格的三等僧众，我仍要说我受大师费正清先生诲益非止一端。

1991年9月28日《时报周刊》三四四期

方知大藩地

岂曰财赋强

摩天楼下的刍议

卫方在波士顿遇见了他的朋友。晚餐之后聚谈到十点半，他辞别了出来。朋友原来邀他在旅馆里住夜，他辞谢了。在夏天像奥顿这样的旅舍，单人房间起码就是一百美金一夜。而且卫方每一旅行就失眠。与其辗转反侧地纠缠着枕头和床单挣扎，还不如星夜回家，说不定在巴士上还可以若断若续地坐着打盹。

在车站里，他发现洗手间在地下室。但楼梯口有一位穿制服的服务员把守，来人非持有车票，不得下梯。

上下楼梯之后，卫方还想到当晚他和朋友在奥顿的餐室里的晚餐。他叫的是小鳕鱼，朋友要的是海味特品（seafood special）。他们的侍者名叫沾米。

"一切如何？"沾米每几分钟就走来问。

朋友告诉沾米，海味煎烹得过度。"抱歉。"沾米说着。卫方在旁边没有明讲的则是鳕鱼味同嚼蜡。付账时，朋友在账单上签了字，另给小账三元。沾米取过去，初时并没说什么，过了三四分钟他又回来了，手中仍拿着内有账单与小账的胶型碟子。"先生，"他告诉朋友，"你的签字没有注明房间号码。"这位朋友照着侍者的指示，将房间号码加写在签名之下。这时候，三块钱小账仍在碟里，沾米就趁着这机会做文章。"先生，"他说，"难道这里的服务这么坏？"

"什么?"东道主已经把笔放在口袋里,很惊讶地瞧着沾米。

对方仍然站在桌子旁边,很理直气壮地陈述:"你给的小账不到十分之一,所以我要知道服务有什么不好的地方。"

当面被抗议小账给得不够,这是第一次的经验。可是,这是沾米的世界,小账已是分内应有而不是额外施恩。他又不能原谅这两位资深公民之年老无知,重复地说:"这小账不及十分之一……"

卫方不能猜想四十年前,当他的东道主胸前挂着飞行员和降落伞的徽章时,对这种质问的反应,现在到底是经过圣命的牧师（ordained minister）,此一时彼一时也,态度自然不同,他从皮包里找出一张五元钞票放在碟子里,才把三张一元钞票收回。沾米对他的抗议算是得到圆满的解决,低声哼着道谢退场。

波士顿到纽约的巴士挤满了旅客,有些人在车门口站队达一两小时,就是想要占得座位。卫方上车时已经找不到座位,后面还有三十个人,照例公司要加派一辆车,但是这时候司机用扩音器叫乘客将行囊放在座下,小孩放在大人的怀抱中,"如果一个人占着两个座位,就要加买一张票。"这样的呼唤之后,卫方得坐在一位太太的旁边,她被迫将一个约三四岁,正在酣睡的孩子贴着自己抱起。

最后还有一位太太让一个五六岁的孩子占着一个座位。司机走上前要她买票。

"照规定他不需要票。"她辩着。

"他不需要票,那也就不能占座位。"司机紧迫着,还站在旁边不去,这位太太意态怏怏地也把小孩贴身抱着。司机算是替走廊上最后一个旅客找到了座位，于是再度清点人数，又向传音器里说了些话，巴士才离站，至此已近半夜时分。巴士脱离了波士顿市区，进入跨省公路。

不知什么时候，他真的打了一阵盹，醒来只听着司机大叫。"哈特福！"此时只有一位乘客下车，座席也给一位新来的乘客接替。卫方又在朦胧中继续他的旅程。再醒来时，巴士已入纽约州。外面的雨已经停了，沾湿的树叶在路灯之下带着晶莹的景色。自从1974年卫方已成为美国公民。提到美国好的地方，卫方是毫不犹疑的。在他所著的历史书里，已经说明抗战后期，中国是靠美国的支撑才能获得最后胜利的。他也记着1950年间在美国南部旅行的时候，车站的洗手间没有派专人看守，却有"有色人种"和"白人"的区别，任何地方都是分作两处。即是饮水的喷泉，也标示着colored和white，真是泾渭分明。

巴士在清晨四时半到纽约汽车总站（Port Authority Terminal）。下车之后，他才知道一切不如想象。偌大的纽约总站，只有灰狗经营的地下室一部分开放，有警卫守门，只让有票的人进来。候车室已经坐满了人，还有人在地上躺着睡觉，也有人靠在楼梯旁边看报纸。

提着行李信步走到四十二街，他已经问明白了：第一班去纽普兹的车在清晨七点出发，车站在六点半才开门售票。离现在至少还有一个半钟头。这时候街上虽有车辆行人来往，但所有的店铺全都关着，即使咖啡店也是门扉深锁。他抬头望着很多的摩天楼，又兴起今昔之感。卫方第一次到纽约时，全部的建筑都是钢骨水泥，现在却有很多的用有色玻璃做建筑的外表了。

沿着第九大道走去，他不敢太靠着建筑物走。因为有些无家可归(homeless)的人正傍着墙壁睡觉；有灯光的一片地方，则有不少街头的叫花子。

他不能过度的发牢骚，诉不平。纽约是世界上最大的通商口岸，也是各种时装美术艺术表演展览之中心，有天才的人起先或者有些困难，只要在这几平方英里的面积内打开门径，无一不获得生活之满足，物质上的报酬也很实际，十万百万随手而来，也不分人种国籍的畛域。他也不能过度的代街头搭地铺讨饭吃的人申冤。美国现在可算"全部就业"(full employment)。到处都是事求人（Help Wanted）的广告。不然像沾米那样的侍者，要是记挂着饭碗之安全，又何敢在资深公民的顾客面前讲小账不能少过十分之一的大道理？至于报纸杂志上有时还提到百分之五到百分之六的失业人数，则有专家分析其咎在这些人自己身上，其中大多数则是无可雇用（unemployable）。再说得不好一点，在这个时间、在这样的一个地方仍旧踯躅于街头的人，也就是没有出息。在重视成功的社会里，他们只能被称为失败 failure。

卫方也索性承认自己是一个失败者，不然何以天尚未亮，仍踯躅于纽约的第九大道与四十二街之间？又何以四分之一个世纪之前尚在侃侃而谈，闲坐着吃龙虾，今日则自己扛着行李袋付不慷慨之小账？

虽说闲常他有这样的想头，可是又不愿如此衷心的糟蹋他自己。

他也不愿争辩在经济景气的年份仍然找不到事做，其咎在社会还是在各人本身。他认为两种情形都能存在，彼此都有理由。要是加入此中争论，他就会被卷入现实政治的漩涡中去了。他学的是历史，这时候他希望以一个学者的身份，对现时政治保持距离，可是历史承先启后，又不能和今日不关痛痒。同时他看到很多人没有看到的一个大问题：刻下美国和很多亚洲国家打交道，政治思想的冲突已属次要。这些国家以廉价劳工制成品侵入西方的市场，使美国对外贸易，产生收支上绝大的不平衡，也仍可以平心静气的根据数目字谈判。惟独两方之不同，可能因宗教思想之不同而产生更大的差异，至为可虑。

比如说：日本和美国同时提倡资本主义，日本人却将神道的宗旨渗进了他们的生意经里面去了。又如新加坡也和美国一样的在实行资本主义，可是这个城市国家针对内外情势严格的主张由政客作主，采取儒家"自谦"和"一国兴仁"的办法就和美国的新闻界造成一个势不两立的情势。

卫方之所谓宗教，有一种广大的含义，包括出世入世的思想，有形与无形的成分，大凡一提及人生之"最高的"目的和"最后的"宗旨，又牵涉很多人众，即不妨以宗教视之。这样看来，神道也并不神秘，甚至可以用"清明在躬"的四个字笼罩之。即是穿鲜明净洁的衣服，反映着山川自然之灵气，甚至保持着原始社会的恩义观念，只要在这种美术化原始型的条件之下，做人做事表现着既简单又真切有力的风格，即可以算得符合神道之旨趣。所以美国人做生意以赚钱为目的。日本人之做生意除了赚钱之外，还要各人在其行动之中，反映着他们国家的原始性格，就不期而然的在世俗之成功的局面里，产生了一种精神上的力量和集体的效果。有些日本人还意不在此，索性借此鼓吹日本人种优秀，甚至有修正第二次世界大战结论之趋势。

新加坡的华裔公民占百分之七十。如果他们都以短视界的立场，坚持狭义的本身利益，也真可以暂时颐指气使，把华人的地位捧上云霄。只是处在一个亿万的印度人马来人回教徒之人海中，短视界的作法，很难有成果，而且贻害子孙。好在儒家思想"柔远人，来百工"，向来一视同仁，也是中国人的历史性格。现在新加坡决定用这种态度当作立国精神，甚至将南洋大学原来专用以保持传统的中国文化之教育场所一并封闭，要他们和新加坡大学合并，如果将一个行政上的大前提，处之如宪法精义，也不容争辩，看来就有宗教上的硬性了。

很多美国人没有想起的，他们所表彰的"自由"也是一种历史产物，也有北美合众国的特殊性格。英文里面有两个字可以视作自由，一为 freedom，一为 liberty，前者带有浓厚的宗教意义。17世纪的清教徒，在其旗帜之下，深信他们个人接受了神之启示（calling），远渡重洋，来北美洲披荆斩棘，把个人主义和自由主义发挥到极端。后者追溯其根源于欧洲之中世纪，起先封建领主将城市特权（municipal franchise）授予市民（burghers）等到经济发展成熟才普及于全民。美国得天独厚，也可以说是将一个已经试验有效的组织与系统，施行于一个空旷的地区。可是也还要经过无数的奋斗，最显然的则是四年的内战，当时双方都认为为自由而战，北方固然认为解放奴隶是一种解放运动，而南方也认为抵抗强迫就范的威胁是他们做人的第一要义。所以至今内战的历史仍为美国人百读不厌的题材。至于美国人在海外为自由而牺牲，已经用不着说了，旅游者只要看到各处的美国人公墓，就可以想得起。

卫方已经走过十一大道，他才折回东行，这时天已微明。他知道本身自己决定为美国公民，不可能与自由的宗旨作对。可是他觉得不顾其他国家的历史与社会背景的推行自由为不合实际。自由是一个极为广泛而抽象的名辞，在古今中外一向就为人滥用。今日亚洲诸国除旧布新，只能根据自由平等的大原则之下，让他们各自发展他们的国家性格，不能由外界干涉，使他们的群众运动，变成一个四不像的改革（unstructured form）。次之则以美国的尺度衡量亚洲，往往做得文不对题。今日美国公民享有之自由乃是社会分工合作进展到某种程度，法律赋予各人权利与义务之一种保障，包括各种特殊情形，并且仍在流动状态之中，也仍在不断地修正。要是其他国家的经济条件尚未发展到这种度，就要实行同样的自由，首先就费力而不讨好，万一侥幸让有些人获得如此之自由，他们即将之翻转为特权。刻下很多华裔青年，接受诸般误解，生活没有宗旨，甚至走私贩毒，结成犯罪之帮派；即是今日华尔街证券市场之舞弊，已有华裔参加，这都是他四十年前初来美国之所无，难道这不是滥用自由的例子？

等到车站将各种链条撤除，各处门窗店铺大开的时候，他到阿庄力克公司的柜台上买了票，顺便又去隔壁不远一家点心店，买了一块黑草莓蛋糕，他的早餐。这店里却无去咖啡因之咖啡，于是他又从自动楼梯上了一层楼，那里有一处小食店，在那里购得他要的饮料。掌柜的女店员是亚洲人，看样子也是华裔。

"六毛五分钱，"她说。突然，她看到卫方手里的纸袋，内盛黑草莓蛋糕，乃楼底下店内之物。"喂"，她指着这袋向卫方警告，"你不能在我们店里吃这些食物!"

原来这店里也有它自己的点心,也有空桌子让顾客凭站着吃早点。当然它有权力拒绝来客用他们的家具,去帮助楼底下的竞争者赚钱。卫方很诚恳地解释,咖啡与点心都准备在巴士上用。

他又买了一份《纽约时报》,才匆忙地奔去楼下的候车室。他左手抓着两个纸袋并报纸,右手拇指稳定着挂在肩上的行李袋,夹在食指与中指之间的乃是阿庄力克的汽车票。如此他可以及时站入乘客的行列中去,用不着掏腰包。

他已经站在庆士顿和纽普兹的乘客阵容里了,可是他还是想着东方与西方,美国和亚洲。

这中间之不同已经展开成为一种宗教问题。清教徒在麻省登陆已经快四百年,今日很多的美国人,已不常到教堂去做礼拜了,可是"我的良心只有神知"的观念却已经透过三百多年来无数的历史事迹转化而成一种社会力量,把持这种观念的人,当然要尽力保卫各人的独立人格,因之将个人主义和自由主义发展到最高峰,这也是使卫方在年轻时代醉心于美国之一大主因。可是这种想头也容易使各个人所想象的宇宙限于自身的人身经验。在今日一种带收缩性的世界里,这样的宇宙观是否合适,甚成疑问。

当司机开始收票,乘客每六七秒钟向前走一步时,他更猛省地记起,他想发表的意见不易被人接受。"什么,"他可以预算到对方反应,"你打算传播东方及集体性的哲学(philosophy of collectivism)?"

卫方无意传播东方之集体性的哲学,他只希望这样一个世界能够依然存在。这也没有超人的见解,他想今日之资深公民必有很多与他有同样的想头。他为人父已二十多年,曾看到不少的美国父母带着他们的子女,去参加小狐童子军 cub scouts、芭蕾舞、幼年棒球队、软式棒球队。纵使他们都是个人主义者,又纵是他们都不明言,总也不能离开一个心有同感。

现代的中国人,很少的会以赎身超度(redemption)的观念,或因个人与神之特殊关系之下祈求永生。可是据他所知,一种父以子继、兄以弟继的传统却仍然壮盛。换句话说,他们都在血缘关系中祈求永生。如此则必须现有的一个世界依然存在,于是也必须延长扩大个人的宇宙观。这种想法是否可以与西方的个人自由主义并存?他希望如此。

他衷心地希望如此。在二十四时之内,兜了一个大圈子,走了五百多英里路,看到了数十年没见面的老朋友,当然内中仍有不少个人的想法,只是始终没有忘怀这样的一个念头。

1990 年 7 月《广场》第二期
1990 年 9 月 15 日《中国时报》人间副刊

怎样读历史

中国在20世纪有很多地方适应于孟子所谓"此一时也彼一时也"的说法。首先对日抗战动员了三百万至五百万的兵力，与强敌作生死战八年，战线连亘五千里，已是洪荒之未有。而接着毛泽东的土地革命其范围之大程度之深也超过隋唐之均田。今日重创法制性的联系，以便从过去农业式的管制方式进展到以商业为准则的管制方式（称之为资本主义或社会主义尚不过是当中的枝节问题）也势必工程浩大，牵扯极多。不少写历史的人，包括我自己在内，通常不能甩脱个人的观感，而且感情用事，容易小心眼，用寻常人的眼光去议论非常之事和非常之人，也就是容易忽略后面有大规模的群众运动在。

读史要认清时代

孟子还有一句话，"尽信书不如无书"。中国人在20世纪不仅推翻了超过两千年的专制皇权，停止了科举取士的制度和与之共存亡的传统教育方式，也在社会组织、婚姻关系、宗教思想、对人态度甚至衣食住行各方面都有了显著的改变。如果这种社会革命没有更换我们所用的语言，至少它也增订了我们常用的词汇。可是传统古籍仍是以旧时代的眼光写成，连二十四史和《资治通鉴》在内。这教我们如何是好？将所有古籍全部放弃？或是待全部历史重新编订功成之前，叫一般人暂时不读历史？

我们不敢赞成这样削足就履的办法（在过去朝代国家内曾如是通行，即"文化大革命"也步其后尘），可是不得不提醒读史人，务必放宽胸襟，增广视野。读史的人也要和创造历史的人物一样，认清自己在时代内的使命。尤其今日之年轻人既已崇慕自由，则更要孕育各个人对公众事务判别之能力，而读史是增进这种能力的最有效之捷径。

对中文已有相当根柢的年轻人讲，我主张在研究现代史之前，先对"传统中国"的这一段有基本的认识。中国历史的特色，即是长期的以文化上的力量和社会价值作行政的工具，数量重于质量，纪律重于法律。虽说经过一百多年来的长期革命，这些因素已在逐渐消磨，可是却并未全部被摒斥于我们的生活圈外。纵使过激之人士，企图将它们整个剔除（有如鲁迅，他称之为"吃人的礼教"，而且要让"孩子们"再不被其污染），至少也要知道它们的内容和活动的范围，才能掌握着我们身历其境的长期革命之背景和沿革。

道德立场是史书通病

二十四史和《资治通鉴》诸书仍为今日治史者的原始资料，即教科书和新著作不能脱离这些原始资料之窠臼。诸书既已标准化，又在后期经过各朝代审订，当然不如理想。其中最大的通病，是其以道德的立场讲解历史。我们今日检讨传统中国之成败，亟要知道各时期土地政策、军备情形、社会状态等。道德不仅是一种抽象笼统的观念，也是一种无可妥协不能分割的因素。如果它一提出，则泾渭分明，好人与坏人盖棺论定，故事就此结束，如此最容易阻塞技术上之检讨。好在各书以道德饶舌的地方既明显又重复，读者只要稍具用心，不难一眼看出。

《食货志》的启示

原始资料之过于庞博，可能使初学者望而生畏。我的办法是将每一主要朝代的兴起、最后的覆亡，和当中重要的转变，分作三五个大题目，而用原始资料充实之。因为我注重从技术角度检讨历史，所以曾花了相当的时间披阅二十四史的《食货志》。此中食为食物，推广之则为农业。货为货币，推广之则为商业。只是二十四史里有《食货志》共十二篇，而且繁简不一。如《宋史》之一篇，则共十四章，本身就像一部专书。《辽史》的《食货志》只寥寥数页。而且因为古今眼光之不同，我们很难在一章一节内找到有价值的资料下结论。所以只能利用它作开路的引导，而向其他方面推广搜索，再以各文之互相引证前后连贯作复审的根据。例如我在《辽史·食货志》里看到《禁朔州路马羊入宋》。后来细看张择端所画的《清明上河图》则当日之开封，连大车都用黄牛与水牛并拉，也可见得其禁令之彻底。回头再读拉体摩（Owen Lattimore）的专书，更相信马匹因耕作地区之差异在中国地缘政治（geopolitics）中极重要。我自己读《食货志》的一种心得则是整个传统中国的历史自先秦至明清，可以连贯的用财政税收解释。

以17世纪的英国为出发点

中国的现代史也可以概略的看做传统中国与外界接触和冲突，又经过大规模的调整后更生再造的一种纪录。因此对中国青年讲，又不能不对外界的历史有最低度的了解。因为牵涉过广，又面临着今日之特殊情形，我建议先以17世纪的英国作出发点。这建议包括着重点主义之立场，也借之了解两种文化汇合之源远流长。英国在17世纪人口才由四百万增加到六百万，但是经过3世纪的流血动乱，才将一个农业基础坚固的国家，改造而为一个以商业法制管理的国家。迄至世纪之末，全国已如一个城市国家，全可以用金融操纵，银行业与保险业也开始露面。这不仅可以用资比较，还可以从这原始形态（prototype）里看出各国需要现代化的这个问题之由来。

从根本的政治哲学着手

在政治哲学方面，我也主张从根本的方面着手。今日之读史者纵未翻阅过柏拉图之原书，或未参加过基督教堂的礼拜，也应当获悉他们思想体系之轮廓和"原罪"的意义。文艺复兴以来的思想家如马基雅维利（Machiavelli）、霍布斯（Hobbes）和洛克（Locke）为古典派经济学家之先驱,也透过后者而影响马克思。如果读者全不明悉这思想线索之由来,则很可能对今日之西方生误解。以上的作家从自存(self-preservation)解释到人性为恶,最容易引起中国读者的反感。可是这已经无数的学者解释:现实的承认人性为恶,并非提倡人类应当为恶。如果我们呼吁今后不用暴力,这还讲得通,要是历史家否定过去暴力之存在,又不承认其在历史上之作为,就不合实际,其所写历史也与实情不合了。

综合以上所述,这"长宽深远"的设计,无非针对着目前地覆天翻的局面,其用意也仍是注重"时间上之汇集"(timing),亦即不离孟子所谓"此一时也彼一时也"的着眼。又因为最后需要读者作主而自存信心,所以又必加上一个"尽信书不如无书"的附带条件。

1991 年 5 月 31 日《中国时报》开卷副刊
1991 年 8 月《读书》

从绿眼睛的女人说起

尉凡多年就倾慕绿眼睛的女人。他以为和一个绿眼睛的女人接近，就可以产生好多罗曼蒂克的情绪。后来总算运气好，他居然和一个绿眼睛的女人结婚！可是不久他的太太就买了一副隐形眼镜。戴上隐形眼镜之后，她的眼珠已是蓝色，而非绿色。并且她不赞成他以罗曼蒂克的眼光观察事物。

他前几年去波士顿看到一家商店发售中国出产的竹箩筐，所用的竹片倒也细致，手摸着也不会被竹纤维戳伤。他就花了十五块美金买了一个，大约不到两英尺的圆径。初时他也没有打算作何用途，只因为这是道地中国土产。恰巧他又去哈佛燕京图书馆，朋友帮他借了几十部书，他即随手将所借书装在竹筐之内带回家中，不料这竹筐竟发生了特别的用途！他当时正在写一本关于中国16世纪后期的专书，既涉及宗教法律，也牵连到各种仪节和社会形貌。只是所有的资料分散在各处，有时候写一段也要翻阅到五六种书籍的记载，要是把书都放在桌上则彼此重叠，而且古装书与洋装书纷至沓来，总之就是要找某一专书时一般无线索之可循，也容易在匆促之间把已经寻索过的一堆书堆放在尚未寻索的几本书上。因之翻来覆去更无条理。有了竹篮筐诸书高低左右不等的摆在里面，又置放于椅旁，从上向下俯视下去一览无余，也可以采所要的书只眼看出，信手拈来，如是省事不少。并且可以保持着桌几的简明净洁,所以尉凡这一本书的成功,得力于祖国土产竹筐之力不少。

可是书稿寄付出版社之后不久,他的一个十几岁的孩子一天走进他的房间,就说:"爹爹,你这只竹箩筐空着没有用,倒不如给我借去盛脏衣服。"尉凡还想辩说,已经来不及,竹筐已给儿子扛走了,本来儿子念高中的时候就玩足球,又演话剧,有时还要借妈妈的汽车去会女朋友,脏衣物在房内乱丢乱甩已经受过爹爹的指摘。这时候要借爹爹的空器皿作一番整顿,尉凡也没有充裕的理由阻止。只是他也一直没有机会再补充那有用的竹箩筐,因之近日他的参考书也仍一团一堆地囤集在桌上,有时他也仍在做研究工作的当头,将已经搜索过一堆书搁置在几本未经寻索的书上,因之要寻觅之线索,仍是百觅而不得。

好容易儿子高中念完,大学也念完,也找到了工作迁出户外,尉凡正在打算将失去掌握的竹筐收回自用,可是也是动作迟缓。一天早上他的蓝眼睛太太也是原来的绿眼睛太太对他说:"我在清哲夫的房间,他的衣橱里有一个中国式的竹箩筐。你说巧不巧。我们起居室里那盆树正缺乏如是这般的一个器皿盛装着。摆在地毯上也和背景调和。你去看一看!"

尉凡用不着去看,他已经知道收回主权的事无望了。

按其实尉凡一生失去自己掌握的事情很多。即使和绿眼睛结婚也非本人原意。只因着抗战军兴,他被逼着废学从军。当日的想法抗战只要四年就可以结束,并且只要中国人肯拼命,日本人被军阀逼着参战，没有不败的道理。还有一个英国人叫做 H.G. Wells 就写了一本书，预言日本人一到湘鄂区的山地之间，中国立即会转败为胜。所以那时候不少的中国人只承望日军早到湖北，连尉凡也在内。直到他从军又从军官学校毕业下部队之后，才知道全不是那么一回事（让咱们悄悄地说吧，要不是美军救驾，几乎作了瓦上霜）。自此也一波生一浪，尉凡也随着抗战胜利而保送出国深造，又随着因内战而军队被打垮再悄然在外国做小工，即以后娶番妇，年近半百才有了一个宝贝孩子，全出自原有计划之外，更与预定的进度不符。

因此他也采取了一种不同的人生哲学，究其实也是自圆其说的解释。几年之前他问了自己的一个学生："这件事原本由你自己选择，你预先决定了出生在美国，时在 20 世纪，并且为女性？"

这女孩子倒也伶俐，她一下子就领悟了尉凡的意思。"凡教授，"她就嫣然一笑地说，"我连出生与不出生之间都无权决定。也不知道如何之间我就出生了！"

可是尉凡既是自己志愿入美籍也曾宣过誓，就不能指教学生各行所是。他就解释"自由"和"个人主义"并非两位一体，美国所提倡的自由，着重宗教上的意义，所谓"我的良心只有神知"已在开国之前就由与正规英格兰教堂作对的传教士广播于新大陆，即是开国时，也强调自由，也带着现实的经济意义，却仍是对英国的高压政策而言。譬如说那时候英国人只许美洲殖民地的人制生铁，却不许设钢厂炼钢，所有钢产必由英国输出。即是比较精致的制成品也不能由北美洲上的一个殖民地，也即是今日美国之一州，输出于另一州发卖。他和美国学生说着的时候,很多学生以前都没有听说到这一套。按其实当日曾有一位经济学理论家名 Adam Smith 的就曾写下一本书题为 An Inquiry Into the Nature and Causes of the Wealth of Nations,多年在中国已有译本称为《原富》,对这些事情有了详细的记载。并且这书也在1776年出版,正是美国宣布独立的一年。要是西方人连这些都没有弄清楚,一到中国即将美洲对大西洋彼岸行动的方针,错移在一个整块土地人烟稠密的国度里鼓吹,把自由说成了一个不顾历史背景,全无组织结构的品质,就不免张冠李戴了。大凡很多美国人在亚洲国家里的错误,不外先由于将时间与地点混淆之所致。

这已是好多年以前的事了,自此之后尉凡也将他自己对16世纪明朝作综合叙述的书发送到中国大陆上出版。这一来倒非同小可,他在北京社会科学院的朋友,就写信告诉他,这本书倒也确被很多读者欣赏。可是这些欣赏的人不说叙事的绵密客观,却先用意识形态说出:"这方是真的马列主义。"原来当地的习惯,凡是他们以为真实的情事,概以"马列主义"称之。果是如此尉凡应当引以为慰。只是他也害怕,他怕美国联邦侦探局真以为他在宣扬马列主义,而且连中国的共产党人都以为他尉凡笔下作物确是马列主义。

然而将本人憎爱的事物以一个笼统的编号概括之,也不只在北京的中国人如此。尉凡也记着他在密歇根大学做研究生的时候,有一位教美国宪法史的教授本人对 Thomas Jefferson 极端崇拜。在他看来凡是任何法案在他眼下合乎时宜有进步性格,或者只要行得通,不妨全称之为 Jeffersonian,否则即是 un-Jeffersonian,后来他的一班同学都抓住这要点，也都模仿教授的口语。例如在前一堂旷课的人，因有同学将所发油印教材留下一份给她或他，也不称谢，只称赞对方之义举为"Very Jeffersonian"。如果准备抗议或者对某种事体有意批判就说："This is un-Jeffersonian."

不少西方的人士没有想到他们对民主和自由的招牌也是如此看待。

尉凡也有一个朋友叫做夏志清的，在哥伦比亚大学当教授已经好几十年了，到最近才退休，他又有一套理论，他认为内容全不重要，凡是骂人的书总是行销。尉凡仔细一想，这观察却也有道理。他起先以为自己的书写得好，所以畅销。殊不知在很多情形下，只是读者把他们自己对书中人物憎恨的情绪看进书内去了。比方说他写16世纪的书，完全以技术的角度着眼。他认为一个国家的社会组织及风尚一经固定，则与当局的道德无关。如果制度行不通，虽是执政人有贤愚不肖，最后也都是同样的一筹莫展。可是从多方面的反应看来，这要义并未完全传达了过去，倒是有了不少的读者仍在骂万历皇帝为无道昏君，也有人认为海瑞是坏人，值得咒骂。倒有一位相当有名望的教授对作者说："你提到皇帝一举一动，实在是听命于人，而不是凭己意下命令，倒是我以前没有想得到的！"尉凡固然感谢这位老前辈能体会他的着意，可是为着书之行销起见，反而期望这位先生不要张扬其独具只眼。至于这种态度对读者是 Jeffersonian 或是 un-Jeffersonian，已经不在意内了。

这年头谁不希望自己所著书畅销？除了骂人之外，高举着民主与自由的旗帜也可以旦夕成名。前些日子有一位美籍日人名福山的就在一种杂志里著文称资本主义已打败共产主义，这也就是自由与民主战胜了强权与独裁。他的结论倒不是天下太平，大家都可享清闲之福；而称之为"历史之终点"，亦即今后英雄无用武之地，只有对着无聊厌烦的局面打哈欠。这文章问世，福山和他的杂志同享盛名。

原来福山的根据来自德国哲学家 G.W.F.Hegel。提到德国的哲学家尉凡就害怕。本来"自由"一辞语在英文里面或称 freedom 或称 liberty，看场合而定，已经使他头脑昏眩了。而在德国哲学家的手下，自由成了 die Freiheit，不仅属阴性，内中的 r 要在喉头里打转，而且这名词包含着无限超过世俗的意义更令人只是高深莫测。Hegel 认为人类历史出自自由之意志。如果无自由，也就无历史，这样也说得对。要是奴隶不造反，如何能制造历史？可是 Hegel 眼中的人类历史不创自旁的地方，倒创自咱家中国。首先只有中国皇帝能自由，可是这是一个人的自由。以后传到希腊罗马，才有些人自由，有些人不自由。迄至第三阶段自由被日耳曼民族掌握，才是全体之自由。于是世界历史至欧洲而及于"绝对之终点"。同时 Hegel 的自由有群众之意志作支撑，也和伦理不可区分，这已和刻下西方的个人主义有了一日千里的距离。况且 Hegel 所叙中国皇帝行动自由的说法已和他自己所著书不相衔接，如果此说加在秦始皇嬴政的头上倒有些契合，要是摆在万历皇帝朱翊钧的份上则已是名不副实了。可是现在既已有人搬出 Hegel 作威权，他也不敢启齿。因为他也知道西洋还有一位哲学家 J.J.Rousseau，他对自由的解释更为硬性，他认为一个人自己不知道享受自由，旁人也可以"强迫"他自由。

及至今年情况愈复杂了,美国现任总统名叫 George Bush 的主张给中国"最惠国"的待遇。尉凡在小学读书的时候就听说鸦片战争战败,中国被迫承认英国为最惠国。此后中国对任何外强让步,这同一让步的条件立时自动的加予英国。后来这最惠国的待遇也被其他国家获得,终构成在中国割分"势力范围圈"的根据。现在在美国的最惠国,当然没有这些特权,只限于对外贸易的入口税。有如某些货品,最惠国的国家只付百分之三至百分之七的关税,非最惠国的关税却可以高至百分之二十五。而且现在和美国交易来往的九十几个国家,只有古巴等三个国家不是最惠国其余都属最惠国。这样看来最惠国所受之"惠"也并不十分之"最",只是非最惠国却实际上被歧视了。

可是总统的一道文书发出,立刻引起国会山庄之争议。众议院和参议院起先都认为北京作事暴戾,理应撤销最惠国的待遇以示惩罚。尉凡一想这可糟了,他早想另买一只道地土产的竹笋筐,可能因这段纠纷吹了。同时中国大陆的同胞,辛辛苦苦的编篾为生,也想趁此赚出一点外汇,借此提高国民生活程度,也因着主义这般主义那样,Smith 的自由和 Hegel 的自由所产生之纠纷无从实现了。

今春他又有朋自远方来,此人也非同小可,乃是一家跨国控股公司的总经理,下辖十个分公司,也各有一部在美国和台湾,他的总司令部却在香港。尉凡和他父母也算是世交,已有了好几十年的历史。于是他和他蓝眼睛的夫人不亦乐乎茶饭招待之后的问及他来美之目的。

他正在向国会山庄游说，希望延长中国在美的最惠国待遇。他也是香港派来的商界代表团成员之一。

尉凡就说总统的意志既是如此之坚强，看来最惠国的身份总是会批准的。来客则说："希望附带的条件不要太苛刻。"尉凡知道他所说的意思。国会的另一提案是有条件的批准，例如保障人权，将历年来因政治纠纷拘捕的人犯向外间交代等等。本来保障人权也是好事，但是将处置刑事的权力由外国的立法机关作主写成法案强制执行，又当作两国间贸易条件之一，是任何有自尊心的国家极不能接受的。即是在参议院小组委员会辩论的时候已经有两位参议员不耐烦地说出。"要就承认她为最惠国，或是不承认，何苦来这啰哩吧嗦的一套！"

这些参议员也看清楚了，人民要民权，国家也要主权，人民的民权还在争辩之间，国家的主权即无可争执了。

话说回头，他们主客间的谈话仍在继续下去。

尉凡："与这法案切实有关的贸易部分是纺织品和玩具，这占中国向美的输出不过百分之二十五。要是索性不要最惠国的待遇会怎么样？"

来客摇摇头。他说："总是牵涉广泛，不会一下子垮台，只是这里发生一点问题，那边发生一部分问题，归根迟早之间避免不了坏结果。"啜了一口咖啡，他又继续下去："现在大陆好几省的生产事业都已和香港连成一片，都已经整体化了。并且要自由，要民主，也先要有经济的展开，是不是？"尉凡想象着既无香港整体化也必与台湾的经济相关联，所以要加强台湾的安全也还是要促进大陆的经济改革，其步骤是推广其对外贸易,不是阻塞其对外贸易。

他送过客人去,过不久 George Bush 邀请了华裔人士要他们支持他的政策,对中国延长最惠国的条件一年,不附加条件。如果美利坚合众国对中华人民共和国另提出要求,也可以分别交涉而不纠缠到商业法律条款之内。可是国会山庄对华贸易的法案也仍如预定的通过。两院都在同意延长最惠国的原则上附带了很多条件,也都有提倡民权却侵碍中国主权的嫌疑。总统也预先声明,他将否决两院的折衷法案。

根据美国宪法,众院和参院也仍有否定总统之否决,再度通过这法案的权力使之务在必行,但是必须两院的票数都在三分之二或以上。看来众议院达到这三分之二的人数绰有裕如,但是参院原通过法案时赞成者五十五票,反对者四十四票,看来无法纠集到六十六对三十三之多数。所以现今纵是尚未依程序全盘做出,已可算作总统的胜利,于是执政党领袖招待各界,报告结果。料不到这时候仍有出席招待会的人士在会场发生争执。争执者也非旁人,也仍是中国留学生。一派说他们支持总统,另一派说他们始终没有同意让中国为最惠国而不附带条件。

尉凡自读历史以来,尤其自阅读鸦片战争的史实以来没有这样的经验。这是因时代展开自由已容纳了新的内涵,只因为他自己守旧不能领略?还是只因两方隔阂,仍是同一自由的观念却被滥用而待指正?抑或是中国人不懂得美国人注重选民反应耍政治工具?这是 entirely Jeffersonian?还是 thoroughly un-Jeffersonian?

他也恐怕自己一心想买副关税低的竹篾箩筐，才产生了一种自私的念头。可是他不能怀疑美国总统和一个获有经济博士学位主持资本上十亿的公司之董事经理因不识好歹不顾民权，支持马列主义，纵使今日马列主义也有了不同之内涵。同时他的太太也是土生的美国人，她对他自己的看法并无异议。

　　一天早上他醒来时突然想起：他自己可能戴上了有色眼镜。他的夫人也戴上了有色眼镜，不然她的眼珠如何会由绿而蓝？"亲爱的，"他就问她，"你戴上了隐形眼镜不是将所有的景物都看成蓝色？"

　　"怎么会呢？"她却回答，"接触眼镜只使瞳孔以外的彩膜改变颜色，瞳孔上的部分仍是透明的。"

　　至此他揉着自己的眼珠三两次，才算放了心。

1991 年 9 月 11—13 日《中时晚报》副刊

江淮度寒食　京洛缝春衣

为什么威尼斯？

每年四月半是美国报所得税截止的日期。去年我去看公众会计师的时候，他看到我的账内列有欧洲旅行的开支，他就提出一个问题："为什么研究中国历史要涉及威尼斯？"

预计到联邦国内税务署（Internal Revenue Service）也会提出同一的问题，所以我就把自己曾在英文刊物发表的一篇文章解释两者中的关系带去作见证。写中国历史，不一定要复履中国，写欧洲历史也不一定要自己游历欧洲。不过在可能情形之下，还是亲身切眼看过自己笔下的题材较为稳妥。世界上常有出人意外的情事。我们都知道英国的国都在伦敦。可是实际上今人所游历的伦敦，包括海德公园（Hyde Park）、白金汉宫（Buckingham Palace）、英国议会等等地方都在威士敏斯特（Westminster）而不在历史上的伦敦。今日之旅游者可以遍游不列颠岛经过英格兰、苏格兰而未曾涉足于伦敦。可是英国历史上的银行街却又在伦敦城内。这些事情不一定会包括在书本知识之中，通常情况下我们也用不着咬文嚼字的必须追究得一个水落石出，可是写入历史论文里面去，其中的细目却可能在某种关系之下发生很大的差异，偶一不慎，可能铸成天大的笑话。

法国的鲍德尔教授（Fernand Braudel）是我至为敬仰的一位历史

家。我所羡慕的是他的眼光，而不是他说人叙事时一笔一句的真确。他曾把湖南写成一个滨海的省份，中国的明朝则于1644至1680年间（时为顺治康熙年间）被蒙古人所征服，虽说这是着笔时查考书籍之一时疏忽，究竟也是闭户造车，没有实地经验之故，只因为鲍教授在国际学术上之声望，虽犯了这样的错误还能依旧的立足，旁的人恐怕就难如此的侥幸了。

威尼斯在海岛之上，去大陆有两个半英里。这海沼之中过去一般水浅可以徒涉，其中却又有一些深水道曾在历史上防御战时发生过作用。今日则水涨地低，全城有淹没的危险，国际间营救古迹的组织，正设法以泥浆注入建筑物基地之中，使其抬高。过去我也曾听说这城市的咸水不便于制造，可是又有些书上说到16世纪中期年产羊毛呢绒一万六千匹，使人怀疑。到过该地之后才知道中世纪的手工业都在大陆之上海沼边缘的村落中发展。这些地方也属威尼斯，还有不少的犹太人聚居在这地方，威尼斯人却不许他们过海到岛上去。所说咸水不便于制造乃是专指丽都（Rialto）及圣马克（San Marco）诸岛而言。

至于我和内子的喜欢旅行则已成癖性。最近十年之内我们常常弄得无余粮，所有的积蓄不够短期间的开销，可是只要一有机会，我们又是向航空公司和旅行社打听消息，找价廉物美的票位。在我说来这种"滚石头不聚青苔"（rolling stone gathers nomoss）的作风不仅与我的写作有关，而且已经积有半个世纪以上的经历。

现在让我先说五十多年前的一段人身经验：

1937年对日抗战开始，各地动员。在我家乡长沙的火车站，也常有一列列的兵车运部队到前线。有一天我在车站看到这样一段列车开动，那时候我还只十九岁。一时情绪激动，不自觉的脱帽，向上前线的官兵大扬其手，预料开赴前线准备和敌人拼命的将士发觉后方群众如此热烈欢送，势必挥手回礼，岂知大谬不然，站在月台上如此兴奋的"群众"，只有我一人。不仅踞着站着兵车上的官兵对我漠然视之，即前后左右月台上的人也觉得我举动失常，好像是神经病发作。那时候我羞愤交并，如此这般才生平第一次体会到中国的社会和西方的现代社会当中有一段莫大的鸿沟。从背景上的不同影响到心理，也表现到语言和行动。

　　几个月后，我在《抗战日报》工作。有一天日本重轰炸机十八架来临，在湖南大学附近投了很多炸弹，据说当日我方军事最高领袖在湖大图书馆召开会议，是否如此不得而知。只是我去现场报道时眼见炸弹全未投中建筑物，只在四周炸开了不少的深坑，身在其处遭殃的平民，头颅身躯四肢莫辨，只是一团血肉模糊，也有家人子女抢天叫地地号啕痛哭，可是旁边的人毫无关心。还有若干男女正在抢炸下的树枝，这方叫"我的"，那方拖着不放也叫"我的"。树枝可作柴烧，多谢日本飞行员，对没有受害的人讲，这也算是一种分外礼物。此时距日军在南京"屠城"不久，而且七泽三湘还是素称爱国心长，一向士气激昂的地方。当夜我写了一篇文章，不知用了多少口诛笔伐的字眼责骂抢树枝的人冷血，倒忘记了对我后方不设防城市滥行轰炸的日本空军，那篇文字当然不能刊载。

当日主持《抗战日报》编辑廖沫沙后为中共高干,也在文革期间受过一段折磨,我称之为沫沙兄,仅仅知道他思想左倾。在他看来,我写那篇文章却是表现我的思想不成熟。也还是不假思索先用小资产阶级的观点随意批评指摘的表现。今日想来,我当日对阶级观念之不够认识,事诚有之,可是并不是小资产阶级与无产阶级间的矛盾。而是知识分子与未受教育的群众之间的距离。在中国社会里讲,知识分子也是一种阶级,即传统士大夫阶级的延长。

本来"知识"早就应当全民化,虽说当中也有粗细深浅之不同,却不能为一群所谓"分子"者所独占。知识分子,英文为 intelligentsia,据我所知道的今日还只能适用于苏联及中国。即有知识分子,也必有无知细民。这也是此世界上两个泱泱大国至今落后而不能民主化的症结之所在。这两个国家企图民主化,其方针不在加强知识分子的地位。因为民主即是"天下兴亡、匹夫有责",而不能如传统社会之天下兴亡,全由士大夫阶级包办。俄国的 intelligentsia 在 19 世纪即有此种警觉。所谓"民粹运动"(populist movement)者,即由知识分子发起。他们男女都有,放弃了养尊处优的生活,自动下放到乡下当小学教员或是客栈杂货店的经理。可是没有结构的改革(unstructured reform)到底不能成器。乡民无知,不识好歹,反对这群热心人怀疑,或者驱之出境或向沙皇的特务人员密报,此运动也夭折。

以上所说我自己两段人身经历已是五十年前事。当时我也不知道英文中的 intelligentsia 和俄国的 populists。也仍不顾左翼右倾，只是凭着个人英雄主义盲人瞎马的乱闯。1941年我在成都军校毕业后，于国军十四师当少尉排长，足穿草鞋，一个月后已是满身虱蚤，也经常被行伍出身的同事逼着吃狗肉。至此才发觉我们士兵之中有极少数是抗战以前募兵时代的"遗老"。他们希望靠行伍出身升官，和我军官学校出身的利害冲突，也经常想方法和我作对。一般征兵所得则半属白痴，否则亦是痹癃残疾，不堪教练。我可以想象他日我们冲锋时一拥上前，只好不较分寸，死伤狼藉；退却时即作鸟兽散，各自逃命。我和他们勾心斗角后，再度忖量之余，发觉他们人厕时以竹片瓦块当手纸，又不免良久恻然，而深叹人间何世。这时候后方城市如昆明重庆除了少数"发国难财"的外也算是一片赤贫。可是和我们部队的生活一比，又已经是两个世界。至此才领悟到中国是一个"未经整体化"（not integrated）的社会。兵士被征入伍，主要的是没有社会地位。若为知识分子，则有各种免役避役代役的机缘。因之"壮丁"被征入伍，用绳子牵套着送来，逃亡时即不需讯问，可以就地枪决。这些事实，成万上千，也不容我们右倾保守即可以在历史上掩饰。而且也因为我们组织上有此弱点，才引起强邻入侵杀进堂奥。

两年之后，我在驻印军当上尉参谋。这时候兵员已经通过一段选择，装备也由美国供给，可是这未经整体化的情形依旧存在。我也知道自己偶一出入于阵地最前方，已经获得各方赞扬。可是有不少的战士，已经两次受伤三次受伤依然派往作尖兵斥候，成日整夜与死为邻。我曾亲眼看到有些士兵一足穿网球鞋，一只登不合尺寸的橡皮靴，在泥泞之中蹒跚。在森林之中的黑夜里我曾亲耳的听到他们谈天，提及"恐怕要到密支那才有大休息哦？"至此已引起无限之同情，驻印军无掩埋队，有些在公路线外人迹罕至的地方战死的士兵，只就地掩埋，情况紧急时几锹黄土也可以算数，也可以想见以缅北之倾盆大雨不几小时就骸骨暴露。也可想象他们也是人子人夫。他们在国内的家属还不知道彼此已是阴阳异途，恩断义绝，却还仍是生死莫卜，将信将疑。偶一开追悼会时，我们听到读祭文中有"呜呼，草长莺飞，故国之春已暮，剪纸招魂，他乡之鬼尤新"的辞句，深觉此情此景屡现眼前，而不能责备军中文职人员舞弄笔墨了。

这和我所说的旅行有何相干？又与此文劈头提出的威尼斯何涉？

因为五十年来的胡闯瞎闯，我获得了一段将世事纵横曲折前后左右上下观察的机会。我既非忠贞谋国之士，也并非投机分子。只因介入两者之间，才能保持着作史的主观和客观。一个国家与社会与时代完全脱节，并非任何人之过失。只是这种情形必招致革命。许倬云教授曾大书："革命不仁，以万民为刍狗。"曾在法国以"老虎总理"著称的克里蒙梭（Clemenceau）也曾说过，"革命总是一个大整体，一个大方块。"既然如此，则只有带集体性，而无从在每一个人之间保持着人身经验之合理合法，也谈不上公平与不公平了。

又经过几十年的教学历史，我已发觉到近代国家的革命，统有共同的程序，即上面要重创高层机构，下面要翻转低层机构，从中还要新订上下之间法制性的联系。这样的改造少则三五十年,多则近百年或超过一个世纪。即是改革轻易的国家,通常将其问题之一部外界化(externalize the problem),引起兵连浩劫的国际战争,最后玉石俱焚,也并未占到便宜。我初作此说时,还害怕自己过于偏激,所说或有未当。经过最近十年来在各处著书讲学的经验,则更只觉得惟有此说才能贯穿中外的历史,而且才能将书本上的知识和个人人身经验穿插成为一气。

今日还有不少年轻的朋友羡慕日本。恰巧我在抗战胜利之后曾随军赴东北。也发觉到当地好几十万的日本军民,包括不少铁道线上的员工,已被苏联作战俘一并掳去到西伯利亚做工。对他们的家属来说也是生死莫卜,音讯杳然。有些技术人员的家属为生计所迫,以浴室作为澡堂备热水供我们洗澡。我们看到他们太太们也如此下场,觉得过意不去,慷慨的多给几文钱,已经引起她们伏地磕头致谢。后来残余的日本人撤退回国时,也不管他们是掠夺致富或是勤奋起家,每人除随身行李之外只准带约值美金二十元的现钞。1946年的春天东北各城市中到处都可以看到老幼的日本人推挽着大车,上置被袱,飘扬着白旗悄然回国。后来又有在秦皇岛和葫芦岛的同事告诉我,每次遣返日侨船未开行时,总有好几个日本人跳水自杀。他们一生经营至此尽成流水,东望祖国又是B-29轰炸后的废墟。从渤海湾面对太平洋已和项羽的不愿再见江东父老一样的无地自容,只好与波臣为伍。

我写这篇文章的目的何在?难道以"时也,命也,运也"劝告读者自识指归,各安本分?说来也难能相信:如果我们纯粹以个人主义解释一切,则只能得到如此的一段结论。天地既不因尧舜而存,也不因桀纣而亡,那么谁又在革命期间担保你的人身安全和各个人的因果报应?在长沙遭敌机轰炸后抢树枝的人们,早已采取这种看法。如果要知道各种情事在大时代的意义,则只将眼光放宽放大,相信历史上的长期之合理性(long-term rationality of history)。

今日看来世界各国已有"天下混同区宇一家"的趋势。马克思主义者惯以从封建社会到资本主义社会解释。这种说法以西欧作基点也必牵扯上一段阶级斗争。如果因此从意识形态坚持下去,很难避免原核战祸。我提倡的世界史观则注重从以农业习惯作社会骨干代之而以商业精神为主宰之一大转变。威尼斯实为这个世纪牵涉全球一个大运动的出发点。因为圣马克和丽都诸岛无土可耕,无木材足以架屋、无纤维可供织纺、甚至无淡水可饮,于是全体人士才锐意经商。起先在波河沿岸兼渔盐之利,后来增进造船技术加强商业组织及商业法律,具有资本主义之初貌。

中国不仅以农立国,而且两千多年来上自专制皇权下至宗法社会暨当中的"五服"、"十恶"和科举取士的制度无不融合着以小自耕农为国家主体的大前提,此中大小新旧不论,总之就是和威尼斯之精神全部相反,三四百年前要说中国终要受威尼斯传统之影响,可能谁也不能相信。这也是我要瞻望威尼斯的一个原因。来此并非崇圣。可是看到所谓巴士即为大船,出租汽车即为小船;红绿的交通灯挂在便河之上，也是书本知识之所未有。

这样一来，我们也可以想见中国要改造时的荆棘重重。我在美国教书时首即提醒学生：如果中国过去一百五十年的改革加在她们头上，则上自发髻，下至鞋带，当中的服饰，脑袋中的思想，嘴中的语言，人与人的关系有关宗教婚姻教育与契约无不需要改变。我自己就是一个 D.P.（亦即 displaced person）。早三年前我在一个国际汉学会议提起：即因内战而使大陆两百万以上的人口迁移台湾也为中国历史亘古之所未有，因之随便批评，以先进国家平日的标准，检讨一个待开发的国家尚在挣扎的状态，必会冒上一个以静冲动的嫌疑。如果说得更过火则是以小权大，坐井观天。

个人的踯躅与蹁跹，托之命运，前已言之。可是其所代表的是一种群众运动，带有历史性格，又当别论。我已在各处写出，包括大陆的书刊在内，中国的改造途中，国民党及蒋介石所作贡献，为创造一个新的高层机构。中国想要动员全国，纠结着三百万到五百万的兵力，和强敌作八年苦战，也是破天荒之壮举。当时一切无不因陋就简，所有军令军训军政军需，要不是全无着落，即是仓皇支吾应命。其中贪污不法无能的事项必有无疑。最近陈诚将军的遗稿问世，他就提及1943年在滇西滇南视察时，发现"若干部队对于走私运烟聚赌盗卖军械等破坏纪律行为，亦较其他驻地之部队为多"（《传记文学》三二〇期，五一页）。为什么以陈辞修将军的高风亮节还只能开一只眼闭一只眼？因为最高统帅部不能解决下属的供应问题就无从认真计较了。退一步解释，即是整个组织与时代脱节，罄全国之所有和立即需支付兑现的条件当中有几百年的距离。要不是行苦肉计及空城计坚持到底，听候同盟国解我倒悬，则只有任日本军阀宰割。

在同样大前提之下，我对于中共及毛泽东行土地革命翻转乡村中的低层机构，也是同样尊重其在历史上的长期之合理性，即对我在军校中因内战而殒命的同学之遗孤，惶恐不能应命，也只好说今昔历史眼光不同，只要他们父兄保国卫民的宗旨为对方中共承认，已是英灵不朽。

有了以上两个条件，那么今日之中国只能继续经济之开发。惟其如此才能在重订私人财产权利时，固定上下之间法制性之联系。也惟其如此，才能扫清文盲，普及教育，使知识不永久的被若干分子所独占。如此之民生，才有真实的意义。下一代聪明睿智之士，或为农为工为商，或做律师及政治家，或做艺术家写小说著历史，也用不着把天下兴亡的责任全由一己担当。

也有人说，经济改革前途必有风险，万一不慎，或是通货膨胀不可抑止，或是大批人口失业，必致社会动乱。可是我说虽然计划改革时不能明知故犯自招贻戚，可是冒必要之险，仍是无可规避。所有现代经济本身即带着一种冒险性格，在今日也是众望之所归。如果踌躇不前，则是冒更大之险。

也有人说，今日地球已经海陆空一片污染，森林砍光、臭氧层开天窗、地温升高，中国经济继续发展，势必增加以上破坏的程度。可是我说虽如此也不能让中国停滞在一个不上不下的局面里。而且纵如此仍不能将全球的问题全由经济落后的国家如中国担当。这些大问题之获得解决，先必有极大之压力，然后由先进国家作领导分工合作寻觅途径才能在经济上有效，有如能源用尽，势必寻觅新能源。于今原油价格低廉，则虽有心人无法做蚀本生意的去收集太阳光内的功能。而且世界上贫富悬殊，各国所受经济压力相差过远，亦非富有国家之福。

假使世界上的事情能全球化，我们是不容悲观的。我们现在所知道的科技知识，尚可能不及宇宙间奥妙千万分之一。宇宙间事物之大，大而不知其极，其小处也小而不知其极。这当中必有很多尚待发现的神秘足供人类在技术上引用足以解决实切的问题。

这样一来已越说越远了。让我再问一次。为什么威尼斯？提及威尼斯则是表现我从技术角度看历史，不从道德观念检讨历史。我希望以后写作，集中于前者，而逐渐离开后者，如是才轻松有趣。可是一牵扯上中国历史，又不能将道德这一观念完全放弃，也只好主张在将历史的观点放长放远时，也将道德观念放宽放大。又让我再说一次：我对前途仍是乐观的。1987年我和内子去法国里昂（Lyon）。此地在大革命时为反革命中心之一。山岳党人（Montagnards）削平叛乱之日主张将全城焚毁，使地图上不复有里昂的名字。被拘捕的反对派则摆在预掘之壕沟间，二百人一批，予之以炮轰，再不死则枪杀刀刺，也真是人间地狱。可是今日之里昂则为法国工商业重镇表现着一片升平气象，罗昂（Rhone）及萨恩（Saone）二河在此交流，水色深碧。

大革命时因为天主教的僧侣不肯宣誓，则由革命政府索性废除天主教，不承认耶稣基督。今日里昂最高点富微亚（Fourviére）山顶上的教堂仍供着圣像。我和内子推门入内时劈头就看到信男信女供奉的明烛，金焰闪烁，也无虑数十百支。我们虽不属任何宗派，看来总有一种心情温暖的感觉，而更体会历史上的长期之合理性，并非托于空言。

1990年6月29、30日《中国时报》人间副刊
1990年8月23日《时报周刊》二七八号
1990年《知识分子》秋季号

重游剑桥

8月初的一个傍晚,我和内子在剑桥的谷米市场(corn market)前面散步,迎头遇着一大群年轻人,骑自行车。内有一个男孩子脱队停车问我游泳池之所在。我将方位指点给他之后,又加说我不来此地已三年,不敢担保最近有无变更。听着他的英语里带着外国口音,我又问他从何处来。至此才知道他是法国人,他和他的伙伴参加了暑期学习的组织,在此一半上学一半度假。我再问起他对剑桥的观感如何,他索性将挂在车垫上的右腿一并着地,然后说:

"这真是好地方,了不起!"

其仰慕之情出入于言表。

其实剑桥好坏不说,其为大学城(university town)即在现今的英国也独一无二。牛津大学成立于剑桥之前,可是新式工业和现代化的建筑已相当改变了牛津形貌,剑桥却在很多的地方,仍旧保留了中世纪古色古香的情调。

我们和这学城的邂逅,说来话长。1972年我应李约瑟博士之邀,参加了他所主持的中国科技史的研究工作,在此居留一年,至今屈指已十八载。此后也再三旧地重游前后五次,短则滞留数日,长则达两个半月。我和内子特别喜欢饭后漫步,大凡全城街道桥梁,大部了如指掌。即是曲径通幽的小巷,直达各草场之捷路,也大半融会贯通,加以看清了此地各色各样离奇古怪的安排之后面的逻辑，更增加了亲切之感，而不免赋予情绪上的联系。有如看到朝曦斜挂在此间烟囱林立的屋顶之上，或是经过一场浓雨洗刷过的小巷尽头，总计挂着五年前十年前类似的情景，也脱离不了当日的心头滋味。如此旧地重游，再履兹土，即不能无动于衷了。

本来英国早已是产业革命的先进国家。其为先进则只有按步摸索的经验，而无事前全面改造的蓝图，因之实际重于理想，局部的更革重于整体的维新。自此虽然生产方式逼着她打破环境，一方面她仍是倔犟地保持固有的习俗与背景。而且剑桥又是适应这方针的理想场所，譬如说我在1972年初来此地时，李公任凯思书院（Gonville & Caius College）的院长（master）另有院长寓所。我就占用他作学者的书舍，内中既有荧光灯，也有煤气炉和自来水。房内更有柜龛一所，内设窄榻。古来中世纪的学者与僧侣同流，书斋也和宿舍无别。今日这三尺胡床早已不用以睡眠，可是也不卸除，只用以堆放书籍，观察者入内再一考究，则发现整个建筑全属古迹。这边墙壁系16世纪所建，已为伊莉莎白时代之遗物；那边的门户为17世纪新添，也与顺治康熙同时。这一切如旧。即要添设电线煤气管和自来水管也是小心谨慎地从壁上凿小孔导入。内部再加粉刷，即不露痕迹。倒是向外临街的一边反而全部存真。旧壁新砖和已堵塞的窗孔故态依然，让他们各自磨洗认前朝。凯思为剑桥初期创建的书院之一，最初出现于14世纪，时当中国元朝末年，乃关汉卿的剧本首先脍炙人口之日，至此有目共见证据确凿。

和凯思比邻的国王书院（King's College）为亨利第四所创，较凯思迟约一百年,其建筑之雄伟,草地之修饬整齐为其他书院之冠。它又有它维持昔日容貌的办法。它的外墙之上有水泥塑制的碉塔近二十株,其下面基层像缩尺之碉堡,上端像古塔尖,当中有镂空的雕刻,骤看像象牙刻成。经过长期的日晒雨淋,全部水泥带黄绿色。可是仔细观察过去,又可以看出此一碉塔较另一碉塔年资为深。然而如此精细的装饰,不可能无破损。补救的办法不是二十株碉塔一体重塑,甚至尚不是某一株全部再造,而是随时检视,立即修补。我在国王书院前走过时,极少的机遇里,看到工匠不在修碉塔。这样的装饰有似艺术品,也只有他们之一笔一划的锱铢必较、毫不苟且地翻新,才能全部存真。所以剑桥连亘几百载,见者如履足中世纪,实际上无日不在重建,只是他们注重旧里翻新,着眼于一砖一瓦的精微罢了。

  建筑物既如此,街道也大致如此。剑桥之为剑桥乃是有桥架在剑河(Cam River)之上。罗马征服英国时曾在此开设大道。中世纪时剑河又为通欧洲大陆之孔道。今日剑河不过一线溪水,学生们驾游艇,撑篙三尺即见河底。可是因为以前的沿革,中世纪所建立的房舍,又带宗教性格,都不容更革。今日最引人注意的乃是圣约翰(St.John's)书院和圆寺(Round Church)前街道回转,有如发针。间常又有两层楼的巴士经行,看来惊险万分,好像万吨轮船骤入峡谷。可是在剑桥通行的车辆一般时速无过十英里。人行道虽窄狭,也和大道高低不同,所以车与路人各行其是。每一巴士经过,可能去行路者左右不过数英寸,产生一阵耳边风。我们习之既久,也不以为奇,于是放弃了各种警惕。如此之粗心大意在此地犹可,其他地方不足为法也。

传说剑桥大学创设于13世纪初年。当日牛津大学的学生，因事谋杀了当地一位女人。中世纪学生之无纪律是为常态。可是这次国王震怒授权牛津市长凡学生及教职员可以由他拘捕，并且稍一讯问即处以吊刑。有些学者避难此间。事平之后多人已返牛津，却有一部分人士逗留此处而开设剑桥大学。所以剑大最早的书院至今已有八百年的历史。可是剑桥也有最近创立的书院，有如丘吉尔书院为纪念二次世界大战之英国领导人而开设。更有再新的罗宾逊书院（Robinson College）创立于1980年，至今才十龄。

为什么既有大学（university）又有书院？他们彼此间关系如何？我们初来时也有此种问题请教于李公。他说："凡书院基本上乃是一座宿舍（basically a dormitory）。"其实此间关系复杂，非三言两语可以道尽。书院不仅为宿舍，管理学生与学者饮食起居之事，更系私立。学生入校概向书院申请（研究生不在此例）。书院也供给学生导师，所主持着为宿舍内的教学。但是书院不给学分不授学位。大学则与之相反，系公立，其本身不招收学生却又发给文凭，也聘各书院的学者为教授及讲师，所掌握的为"机构上的教学"（institutional learning），所主持的为正式的演讲。学生听讲与否各随尊便。可是大学所执行的各种考试一视同仁，又铁面无私。学生考不及格无法毕业。所以学生可以向近三十个书院中任何之一申请入学，批准之后也可以在大学所属之任何一系专修，前者帮助学生准备功课，后者厘定教学及考核之标准。一私一公；一阴一阳；对学生讲也是一进一出。

牛津与剑桥，在历史上有对立之姿态，有时也参与了些幽默之成分。我初决定来剑桥时曾对毕业于牛津的一位朋友说起。他的反应乃是："也算不坏,只是掌中的第二指!(Not bad, the second best!)"剑大的朋友当然也不肯服输。他们则指出牛津只能培养循规蹈矩之士。特立独行有创造精神之人物多来自剑桥。牛顿即在剑桥工作而享盛名。英国内战时圆头党领袖克伦威尔即曾为剑桥学生,而且他家在封廷登(Huntingdon),距此只十余英里,因之剑桥成为了他的根据地。国王则设大本营于牛津,更使这两座大学城之对立,由来有素。剑桥值得骄傲的尚有发现血液循环之哈威(Harvey),以二十五岁任首相主持拿破仑战争之庇特(Pitt),倡言劣币必驱逐良币的桂升(Gresham)。今日各国理财者都熟悉以举债刺激经济之成长,始作此说的凯恩斯(Keynes)也是剑大的学生,也曾任教职员。达尔文也曾在剑桥下榻。宗教革命期间人本主义者依拉斯摩司(Erasmus)也曾在此就学。

每一学院人数不多,校友们一般情谊弥敦。除了捐助基金之外,也有校友义务替母校任劳之事。当李约瑟博士任院长期间,凯思书院之庶务长Bursar即为二次世界大战时英国空军副元帅之一。以一个曾立战功的高级将领退休之后管理油盐柴米之事,实属罕闻,恐怕只有英国人才有此精神。

我们在美国大学每逢举行毕业典礼时总听到司仪官高唱某某等人学业完满应授予博士、硕士、学士等学位,并赋予传统上之**特权**(privilege),也算得是依样画葫芦。可是偶一问及所谓特权何在,却又彼此茫然。我到剑桥之后才知道以上纯系抄袭英国之成例,而在剑桥,其特权却实有其事。我在1972年因研究须向剑大图书馆借书,按成例携书外出限于本校获有文学硕士学位者,我的美国学位不得算数。于是李公与凯思院务会议商量并且通过剑大,授我"同文学硕士"之头衔。因之我不仅可以向图书馆借书,而且可以终身在凯思之餐厅用餐,每学期可以一餐不必付费。而且至今十八年,每年我仍收到凯思书院之邀请参加他们的年会及发给之同学录。

剑桥并非毫不变更,只是在质量上逐步改变,通常表面上不露痕迹,前已言之。即以我们十八年之经历,街上之鹅卵石起先代之以沥青,最近又遍铺防火砖,也是前后不同。不过他们今日掘地五尺,明日修街一丈,总在循序渐进而已。而在某些地方,即此十八年内已令人有沧海桑田的感觉。1972年初来时,凡院长不在之日,书院不仅锁闭侧门,即正门也关闭,而在大门之上开一小门,"初极狭,才通人",要仔细跨步才能进出。这仍是承袭中世纪之传统,总怕山中无老虎,猴子称霸王,一般学生淘气滋事。而且晚餐时教职员席位较学生座位高两尺。先生饮酒,学生喝水,菜肴也不同,使人想起"有事弟子服其劳,有酒食先生馔"的规例。并且男女有别,虽院长夫人无法参与。1987年我们来此时例规已大改,凯思书院男女同校早已成为事实,女生并与男生共宿舍。教职员晚餐时内子也被邀,我告诉她此为数百年之所未有。当晚学生仍在低座,饭未吃完,他们与她们已在互相摩肩抵掌大作昵俪之状,此绝非中世纪书院创办人所可梦想者也。

李博士不能反对新潮流。他在半个世纪之前即鼓吹中国科技独到的地方,在旧世界观的环境里不免孤掌难鸣。他又倡言中国之走上社会主义之道路无非想避免欧洲工业化过程中所犯的错误,于是极表同情，在当日也有离经叛道的倾向，不能见容于主流。凯思餐厅有前任院长之油画像，个个都是欧洲学生服的装束，独有他的衣饰为中国式之长袍，纽扣在右肩。他在凯思院长任内首让学生列席院务会议，也等于承认平民参政。

可是这次来剑桥看到李公以九十高龄靠手攀椅来往，目力也已衰退。我自己也已由中年而入暮年。以前来此六次，今后尚有第七次与否至为可疑。所以和内子去以前租赁的房屋处巡视一次。我们也记得当日刚到英国，五岁的孩子突发高温，无药可施，又因为英国医药已社会主义化，也无医生外诊，因之终夜徘徊，幸赖李公令他的高足也是凯思校友白乐地医生（Dr. Brody）来访，才顿释疑惧。凯思附近的小菜场与谷米市场为邻，也是我读书有疑难时走步思量的地方，这次也追踪往迹走马观花地巡视一周。再回头入凯思校园，看得一切如旧，内中之整饬且胜于往日之经济低潮时。树下之蔷薇花也盛开。只有K-2学士室为李约瑟博士和李夫人鲁桂珍博士研讨中国古籍的地方，门扉深锁。从窗户上透视过去，则文具纸张若干古籍及旧时影片俱在，并有悬额大书"人去留影"四字。我不敢自作多情，说什么到此踌躇不能去，可是也不愿再逗留。回想我们恣意翱翔于空间已算是得天独厚，十八年间前后来此六趟已是缘分不浅。当然不能再奢望时间也为我们驻留，或者我们与八百年的剑桥同寿了。

1990年10月11日《中时晚报》时代副刊
1990年10月13日《时报周刊》二九四期

英伦鸿爪

纽约出租汽车的驾驶人常常是外国人，有些尚不说英语。大概曼哈顿（纽约市所在的岛屿）的街道竖的是大道，横的是街，各以数目字定名，没有十分的高深奥妙。伦敦可不然了。其街头既不平行对称，也不辐射，而系处在二者之间。通常我们要去的地方又常在步行范围之内。可是转错了一个弯，则可以谬以千里，而且更难找回原来的地方。我和内子犯了好几次错误之后，发现了一个补救的办法，则是全面撤退到 Picadilly Circle。那枢纽的东北角 Boots 药店的后方，有一家叫 Regent Palace 的旅馆，内中有问事处，又和旅馆的问事处隔离，也不管问事者系旅店顾客与否，一般应答殷勤周到，通常又赠伦敦市中心地图一纸，还在问事者要去的地点画一个叉，然后解释走去的途径，使你万无一失。在今日的社会里如此周到的服务还能维持多久，甚成疑问。总而言之，我们就不可想象纽约的闹市有同样的款待了。

不少情形之下，我们必须借重于计程车。伦敦的计程车仍然保持着它的特色。不是一般的汽车充数，而系特制，车厢成方匣形，容积庞大。三四个乘客带着行李尚绰有裕如。而且车身高，乘客只要稍一弯腰，而用不着匍匐进出。计程车价也不特别昂贵。如果三四个人坐计程车，通常较地下铁（英国人称为 tube）便宜合算。谈到熟练门道，这才是伦敦计程车的驾驶人之所长，原来伦敦的大街小巷，纵是纵横曲折,实际无不互相贯通。计程车总是经行不意的地方,最后才脱颖而出。有些小巷看来绌蹙不堪行车,他们也能纵横来去。

我所担心服务性质的事业不能继续,一方面根据个人经验,一方面也是猜想经济条件高度活跃的情形下之必然。伦敦市中心去希则罗(Heathrow)飞机场约十五英里。1973年我岳父母来英伦访问我们后回美,因为他有心脏毛病,我就替他包了一部计程车,预定天明扣门来接,车价只十二镑。1987年,即三年前,我们飞机在加特威(Gatwick)机场下落,本来那边也有地铁直达维多利亚火车站,只因为我们一夜未眠、疲惫不堪,我们拖着行李,看地图加特威也并不见得较希则罗相去要远得多。于是与内子商量后决定乘计程车去伦敦,岂知车费镑数川流不息地在计程表上跳出,彼伏此升,其快无比,加以那天 M–23 公路又在修路,到旅馆车费已一百十镑。那天我们下榻的地方乃是柏克(Buck)旅舍。这也是我自称伦敦里手而吃亏的地方。1970年间,我们来此多次,柏克可算当日眼下价廉物美的地方,住宿仍照英国"床与早餐"(Bed and Breakfast)的办法计算,成人八镑一天,小童减半。这旅馆地位适宜,靠百货公司哈罗(Harrods)及维多利亚博物馆都近在咫尺,既方便又安静。也不知我们来去不在之间,这旅社也已易手,改称波芙花园(Beaufort Garden),一等到我们把计程车打发去后,开始填住客单时,才发现旧日之客栈,一经粉刷重新装备,已成今日之时髦旅馆。"床与早餐"成为往迹,现在的价格,双人房每天一百镑。所以我们才履足于英伦两小时,已花费去了预定三星期旅费中相当数目之一部分。后来回美偶阅旅行杂志,才知道波芙花园现为伦敦优秀的小旅馆之一。老板和经常顾客同为演出界闻名人物,只是不知其最近房价几何。

有了以上的经验,这次我们小心从事,希则罗去伦敦中心偏北的旅馆区有公共汽车,称为"空运巴士"(Airbus),红色二层楼,每隔半小时一班,行李栏也宽敞,任客自行取放。单程票五镑,来回票八镑。可是我们去时可以坐四五十人的巴士只有乘客四人。回时巴士经过所有指定旅馆附近,也只接得来客五人。看来巴士公司有维持路线的义务。我们则仍希望乘客增多,公司财源茂盛。因为老是赔本生意迟早要关门,则我们可以引用的服务事业也必又少一筹也。

如此这般的情形,刚一履足于英伦,第一印象即为经济状况与物价。本来英国的通货膨胀,已相当的可怕。回顾 1972 年第一趟来英时,英镑还是一个很扎实的单位。如果银行支取二百镑,出纳员必道歉,要到内面验证存数,"因为这是一个相当大的数目"。我也曾亲眼看到有 Sir 和 Lady 贵族衔的顾客(甚可能因学术上的成就封爵),和一般人站队去支取三五十镑。今日则很少的人还认为两百镑是大数目了,也没有再到银行里兑取零用钱。以金融卡支钱的机器装置于墙壁之内,到处都有。十年之前英镑已不如前,可是仍为一个基本单位。这次我们来英,带有以前留存的一镑纸币,至此才知道业已作废,即银行的兑换也已过时。新镑为铜币,面积小而肉厚,以便和以前所发的货币面积大而值价低的有分别,也只当作零钱使用。我们以美金作本位的游客,更有一项苦处。1970 年间美金值高而英镑低,又一路从每镑二元四角的兑换率跌入二元大关,一度与美金的价值接近,而物价还没有赶上,所以我们占便宜。内子也说:"We save a dime here, a nickel there."(我们此处省下一毛,那里挣着五分。)今日则他们以英镑作单位的物价和美国以美金为单位的物价在数目字上已有扯平的趋势,而英镑在最近又回涨接近美金二元。这也就是说以前物价廉,我们钱多,他们钱少。今日这三个条件全与以前相反,好像逼着我们将以前所占便宜退还回去。通货膨胀的情形也可以在报纸上"求才"的广告看出,内中所提及的薪水数,以前英国常只有美国同样工作者六成左右,今日至少业已扯平。

通货膨胀使个人感到踟蹰,可是在全国经济的发展,并不可少。因为这是重新分配财富最简捷的办法(所述与恶性通货膨胀,即政府无法筹谋支出,全赖印钞塞责,以致整个经济崩溃的不同)。通货多物价必涨。然则物价高工资也高。短时间内后者可能赶不上前者,而以某种社会阶层中尤甚。可是长时间内则一般生活程度为之提高。现代经济之发展有赖于生产者也为消费者,于是市场扩大,大规模之生产与分配才能引用科技,将成本降低,使昨日之奢侈品成为今日之必需品,在过程中不得不多发筹码。英国经济学家罗宾逊(Joan Robinson)不久之前去世。她在著书立说时不否定马克思所谓资本家对工人之"剥削"(exploitation)。但是她指出在经济已展开的社会,虽剥削而不以为苦。悲惨世界全在未开发国家之内。当中生活程度之不同超过阶级斗争之意识形态也。

我一生引为自豪的经历,乃是旅行中外从接近最高层的旅社和舟船舱房以及最低级之舱房全部尝试过。今日受人服侍,可是年轻时也曾服侍于人。现在看来，对经济之发展，不能以个人人身经验论断。比如说：二十五年前喷射机之航空旅行仍是中等以上阶级之特权，今日则日益普遍。羡富嫌贫乃人之常情。有时看到待开发国家群众携老扶幼提箱带箧而来，声音嘈杂了无秩序，不免厌恶。即此忘记了今日受有别人的印象，亦即是前日自己给别人高层阶级的印象。总而言之，刻下世界经济之发展，成为一种庞大的潮流，超越国界，不仅在每一个国家内刺激其社会阶层之流动性（social mobility），也引起全球人口作大规模的移动。保守界之人士虽欲抑止，已不可得。

今日英伦与二十年前之英伦产生了一个显而易见的区别，则是以前英属殖民地人民，成数的移民过来。他们与她们也参入了劳工队伍。有一天我们去超级食品商场（supermarket）看到收账员十余人，尽属有色人种，也代表着亚洲、非洲不同的国家。在剑桥则发现昔日贩普及食品之"油榨鱼块及番薯"（fish and chips）之小店，已归华人接收，改着以中式饭菜外销为业。看样子如是的情形不止一家。只是尚没有如美国之所在华人餐馆遍称湖南风味及四川风味之普遍。我们以前所租平房在"桑树别境"（Mulberry Close）。当时尚属新建，房主自住者有之，短期租赁与人者有之。大概都属于大学教职员及自由职业者，今日之住客则多属工人阶级，内中也有亚洲人，可是门首所停汽车则反较昔日为多，而附近昔日之一所平房的出处，今日已改建为摩登大厦，似乎比柏克旅社之成为波芙花园又胜一筹。

我们一提到英国就牵连不断地触及"阶级"这一观念，此乃历史使然。大家都知道克伦威尔是英国提倡民权的健将。可是他也说过：

"这里必须有一个贵族（nobleman），一个地方绅士（gentleman），一个小地主（yeoman），和一个庄稼人（husbandman）。这是理之当然。"而且19世纪及20世纪初期大英帝国之称霸于世界，也靠社会上阶级森严纪律整肃为骨干。我们曾看到一营英军能由一个军士长（sergeant major）口令之下指挥操作，了无差错，叹为观止。其后面侧面社会组织及社会纪律使然也。即在十八年前我们初履足英伦时，旧日风尚仍不断表现于眼前。任服务性质工作者绝对循规有礼。接受服务者也必抑制盛气凌人之气概。虽不满意，亦只稍示颜色，而不能见诸言表。（不然何以被称为gentleman?）今日如此之礼尚已有显然之衰退。

举一个例，剑桥各学院之门房称porter，掌管进出，有管家（butler）之身份。一般衣服精致整齐，较大学教授及各学者有过之无不及。他们严格地督视内外，对后者却又站在从属地位。这一次我看到如此之门房，与一位访问学者口角。听口音，后者也是英国人。所争执的来由为学者所预定购买之《伦敦泰晤士报》因门房及值班交代贻误而未在报贩来时留下。这位学者不断地指责。门房即说："我已经说sorry（对不起），但是我们不是职业的新闻纸发送者。"说时声色俱厉，毫无sorry态度。对方也更加追究，在指责之后又质问："难道你们有错而不能改?"

此系小事，在其他各处恐怕是司空见惯。但是发生于有秩序及条理之英国，又出现于剑桥，就值得思量了。

社会上的变迁也影响到环境。伦敦最引人入胜的地方乃是很多幽静的住宅区。这样的住宅区分布于各处，各以其mews为基点发展。Mews译为马厩，可能过去为马厩，或预为指定作马厩之空地，所以地区宽旷。通常住宅不逾三层楼，环绕这空地建造，当中栽植树木，所以景色优美，气氛芳馥。加以各种店铺甚至邮政局都近在咫尺，有大城市各种方便而无其弊，多数美国电影明星退休后在此置宅，前述计程车穿梭而过的也多经由如是之住宅区。可是也因经济发达之故，近日人烟鼎盛，开临街餐馆的也愈多，质量上也有大不如前的观感。

是否各色情形都是今不如昔，都在每下愈况？这是一个牵涉到多方面的问题，不容片面的答复。首先我们即须认清：今日旅游者所见到的伦敦虽说内中有不少的古迹，但是其中各种建筑，而尤以各种纪念碑像大部系前世纪及本世纪初年新添。有如跨伏尔加方场（Trafalgar square）之高柱系纪念纳尔逊，彼乃摧毁拿破仑海军之英雄。场中二人铜像纪念第一次大战时日德兰（Jutland）战役之海军将领 Jellicoe, Beatty；又二人铜像纪念征服印度之陆军将领 Napier, Havelock。威士敏斯特（Westminster）之寺院虽创于 13 世纪，其旁哥特式之英国议会则建于 19 世纪中期，前后经营三十余年。其钟塔称为"大本"（Big Ben）者则造于 1858 年。大英博物馆建于 1847 年，伦敦塔桥建于 1894 年。这大都会里的重要界标既如是，很多住宅区的设计兴建也大概同时。可是 19 世纪是大英帝国扬威世界之日，在对外关系近乎完全采取主动，当日米字国旗之下国富也空前膨胀，这种情形，可一而不可再。迄今也没有另外一个国家能够如是之行动自由。

即是前述社会组织与社会纪律也包含着一个时间因素，其侧面后面也带着若干不公平的成分。19 世纪的英国法令森严，尚有妇女儿童偶犯偷窃小事被处吊刑的情节，至今读之不觉毛骨悚然。即迟至 1973

年我们寄寓于剑桥之日,当地有人被告引用业已用过的巴士车票,所规避的车费不过两毛左右,被判徒刑一年,以至舆论亦指责处罚过重。(欧洲很多国家内公共交通工具让乘客自动买票,自动在机器上截洞作废,查票员只不时抽查,惟近时如伦敦地铁已用电子机在出站收票时审查。)至于社会阶层则学校制度分为两途,儿童在十二岁即区分为白领(white collar)及蓝领(blue collar)。所以其秩序与条理并非平白产生,这些因素也都前后连贯。我们也可以想象大英帝国驰誉海外之日,其军民不是没有付出相当代价。

我们通常忽略一段事实:英国在二次大战之后经过一段剧烈的调整。因为既大规模地放弃海外属地,大部海外投资亦已化为流水,战时经济又待复员,曾在资本主义及社会主义间几度徘徊,但始终未酿成政变,尤无武装冲突情事,也可见得其法治基础之巩固。英国经济也曾一度甚为瞠乎很多欧美国家之后,近二十年来开发北海油田,加入欧洲市场,才产生今日**繁荣现象**。可是刻下又感受日本之经济压力。这次在英伦所见,日制汽车仍极稀少,只是丰田及SONY之广告触目可见。最大之电子制造者ICL则即将被富士通财团收购,刻下大英博物馆之陈列亦由富士通津贴。所以瞻望情势,只能将大量之消费转为投资。保守党所主持之新税,实为人头税(poll tax)。骤看起来,即是劫贫济富,也受各界指责。我们在剑桥即看到人行道上粉笔大书DON'T PAY TOLL TAX字样。技术上新税也确与以上通货膨胀之作用相反,亦即要束紧腰带必须将全民一体投入。

综合各种情形看来,今日英伦仍在一个长时间大规模的调整过程中。威士敏斯特要从一个独霸全球之大帝国的首都变为一个真实而带国际性的商业场所、文化重心、旅游要地，不可能追恋往日，即接受社会之流动性及世界人口之移动亦无从永恒不变。是否今不如昔？这就很难说了。从人身经验论，我们自己即难摆脱人类惰性，总之即羡慕下野之电影明星的生活易，权衡下层民众之向背与同情于提箱带箧之国际难民难。在这情形下，我想最好旅游者也去参观英国山地区之夏特乌兹（Chatsworth）及西南之朗里特（Longleat）两处大厦。则可能对"今不如昔"之一观念增加一层纵深。两处同为英国个人农业财富发展最高潮时之里程碑，现今已不能由私人家庭维持，只好捐作公众博物馆。我们也可以在瞻慕这财富结晶的瞬间，想见当时人对工业革命遍地造成贫民窟（slum）以及因煤烟污染浓雾"刀也切不开"之伦敦也必有今不如昔的观感。这也就是说：我们如要悲观，可不胜其悲观。17世纪末季英国人口由初年之四百万增殖至六百万，时人即作已超过饱和点的结论。反面言之，如果我们接受"约翰蛮牛"（John Bull）之英国精神以及他们过去对世界文学和商业技术的贡献，又相信移民之下一代必有聪明俊秀的男女对给予款待的国家作更实质的贡献，则17世纪大火烧不尽的伦敦和第二次大战时德国轰炸机和飞弹毁灭不了的伦敦，仍可能在下一世纪创造更新的形貌。人类的历史有时也像伦敦的街道，必在其纵横曲折之中摸索一阵，才能突然发现柳暗花明之处。倘非如此，则我这篇文字实无付梓之必要。

1991年6月7、8日《中时晚报》时代副刊

斯堪的那维亚

挪威的峡湾（fjord）断岩峭壁，叹为奇观。即使是国都所在的奥斯陆，其峡湾海面宽阔，附近的平地可以辟为飞机场，与别处不同。当中岛屿起伏，有似黄山诸峰的峰顶出现于云海之上。各种船只，庞然大物在岛屿之间穿插而过，看来间不容发。这次我们有机会到当中一个岛上散步，发现全岛无一尺一寸的沙滩。沿海的边缘全作犬齿状，而且与水面平行有无数横线呈现于其断面之上，彼此相去不过半英寸，显然是冰河时期（glacial age）终结，解冻时在地面上侵蚀的后果。有些专家指出当日此间泥土可能被冲刷而去，远至英伦。

我们即使是唯物主义的历史学家，面临如斯庞大的自然的力量，也不免要重新猜测人类活动的真实意义。在这机缘之中，就不期而然地在心头涌起一种形而上的思想，有时也带宗教意识。这就是我常倡说的"放宽历史的视界"之尽头，既体会地理因素给人类历史之影响，也要问：是否其后面仍有一个（总揽一切的大方案）Scenario。

挪威、瑞典与丹麦今日同为世界上最富庶的国家，可是一百年前它们仍为欧洲最贫穷的国家，自19世纪中期，这三个国家都曾向美洲移民。丹麦的数量较少，瑞典的移民则达一百五十万，是其19世纪人口之四分之一。挪威在1905年独立时人口只二百万左右。可是1910年美国的人口调查显示挪威的移民已四十万，挪威移民之子女则六十万。我有一位美国朋友祖籍挪威,他曾说明当日祖父母离开家乡的原因:"那边除了森林之外别无他物。"

这三个国家有很多相似之处,也有截然不同的地方。大概因地理上的位置大致相同,种族和语言上的因素也非常接近,容易被视为一体。除了极少的例外,这三个国家的男女金发碧眼,皮肤白皙,据说系因长期居住于森林之中,浓雾之下不被阳光逼射之故。今日这三国也同为君主立宪,王室互通婚姻,政治上也都长期带社会主义色彩。在宗教上她们同以路德教为主体,一般教育程度高,也都以造船业和拥有商业舰队著称。

可是出乎一般概念之外,丹麦的面积不及瑞典的十分之一。挪威是一个狭长的国家,其南北长逾一千英里,东西最宽亦不过三百英里,而最窄处竟至四英里(我们很难想象如此一个疆域对国民心理之影响)。瑞典北部有半年之内在冰点以下,连波罗的海也冻结。第二次世界大战德国攻占挪威的理由之一是瑞典输德的矿砂须由挪威港运入;如果当地被英军占领,则重要之战略资源将被截断。此外丹麦地势平坦,农业土地占百分之七十。瑞典所有不过百分之九,挪威只有百分之三。

在中国人眼里,斯堪的那维亚的历史至短。当地人首先吸引外界注意的为"维京时代"(Viking Age),时在9世纪及11世纪。维京人亦即斯堪的那维亚之土著,擅于制造龙舟式的高头船,上置方帆,每船有划桨手三十人,能通行于内河及外海,再配上每船战士六十人即用以剽劫于西欧各国,凡英、法、爱尔兰、西班牙皆有其踪迹,不仅杀人越货，且一度统治英国。侵犯最高潮时曾以如是之高头船数百艘纠结成队而来。直到维京人全受基督教感化，其剽劫才终止。经过这场活动之后，斯堪的那维亚的三个国家才在历史上露面。

上述时期在中国为晚唐和北宋，看来维京不无创造精神。我们所看到的高头船遗迹，全长约四十英尺，所有龙骨，由一块整体之橡木构成。结构坚实而带美感。船首又有精细之雕刻装饰。全部设计也表现制造者了解在大风浪中保持重心的办法，再看当时人所造教堂，全部木构，即屋瓦也是锯削均等约半英尺为方的木块，上凹下凸地重叠，边缘又凿为燕尾形，工作全不苟且。屋顶上既有十字架，以下也有野兽树林的装饰，表现其为非基督之所谓"原始邪教"（Pagan）的习惯之痕迹。有如斯之组织及创造能力，维京人却未曾留下其部落组织情形、首领名目、侵略原因、攻战部署等有关记录。我们所知道的维京时代如非被侵犯者之传闻，即系考古学家勘察发掘之凭证，因之也不能详尽。

瑞典、挪威与丹麦曾在14世纪末成为一个联合王国（相当于中国明洪武年间），称为卡尔玛联盟（Kalmar Union），以丹麦王位为主体，可是下层常有龃龉与冲突。1523年联盟解散（事属明嘉靖初年），丹麦与挪威成一系统，瑞典与芬兰又成一系统。历史上瑞典与丹麦不时以兵戎相见。可是斯堪的那维亚的三个国家一般总是向外拓土，其本土不曾被人侵占。有之则始自希特勒。

17世纪初期（明末清初）是瑞典兵威最振的时期。国王戈斯塔勿司·亚多尔夫司（Gustavus Adolphus）是三十年战争中保卫新教的英雄。他虽战死，战后和议时瑞典却获得了广大的疆土，已经过芬兰拓土而拥有今日苏联在波罗的海沿岸的二小国（内一部分原有），即今日之列宁格勒，和波兰及德国沿海一部地域也一并接收过来。加以世纪之后半又收回丹麦所占今日瑞典之南端，波罗的海遂成为此邦内湖，奄为当日之超级强国。这称霸于北欧的情形至18世纪初年（康熙末年）才结束。

拿破仑战争期间（事属清嘉庆）又成为斯堪的那维亚军事史与外交史之转捩点。战事快终结时，瑞典决定与外围之英、俄联手，丹麦则仍亲法。瑞典也在这关头决定放弃芬兰，任俄国夺取之，本身则攫得丹麦所属之挪威为补偿。迄今为止瑞典可算一个好武的国家，可是自是以后即未再参加任何战争，至今日已近二百年。1905年挪威宣布独立，迎立丹麦王子为王，瑞典初欲出兵阻挠，最后也仍听任之。

第一次世界大战期间瑞、挪、丹宣布中立。二次大战爆发也仍望中立，已不可得。丹麦与德国原有不侵犯条约，1940年希特勒全面出兵于西欧之前夕，数小时即占领丹麦，国王被软禁。同日挪威也被侵，但其抵抗长达两个月，使国王哈康第五（Haakon V）得以及时逃出，在伦敦组织流亡政府。希特勒也在挪成立启士林（Quisling）之傀儡政府。瑞典可算保持中立，只是在强邻压境的条件下亦至为不易，也不得不供给德国矿砂，也让德国在境内运兵。

这三个国家如何由贫至富？这是今日读者和观光者亟待知道的问题。有人解释实由三国民主精神之所赐。这样的立场，理想主义的成分多，事实上的正确性少。修改宪法让全民参政、妇女投票可以使财富的分配和经济组织更为合理,却不能凭空产生财富。固然斯堪的那维亚有长期代议政治之历史,可是最近的民主体制则是社会进化经济发达后之产物。总之这三个国家自然所赋予的丰富、地广人稀,再加以对外移民之后,重新组织起来阻碍甚少。她们内部也有实质上之长处。例如人民勤俭诚实,由路德教堂主持的传统教育精神一致,19世纪中期已产生了新的学校制度,而尤以所谓"人民中学"(folk high school)于世纪之交在组织工会时产生了力量。这些条件不计,而实际上我们所谓经济上之突破,仍待有客观条件。

丹麦农业基础较深、人口密度也较大,封建残余的因素迄至19世纪中期仍显著。她在1864年被普奥战败,丧失了在德国的领土(是为俾斯麦统一德国之前奏)。当时割让的国土为王国五分之二,人口三分之一,未尝不创巨痛深,却也因祸得福。过去丹麦农产品以汉堡(Hamburg)为吞吐港,与大陆打成一片,从此才竭力经营哥本哈根。时值美国及俄国小麦倾销欧洲市场,丹麦人士即劝说农民大规模地将主食生产全面改为副食品生产,自此猪牛肉乳酪鸡蛋成为输出大宗,大麦及麦片则一般作饲养之用,甜菜制糖也普遍地展开。以上用合作社的方式主持,也充分利用国内水道的便利。时值西欧各国工业化,一般生活程度提高,丹麦就此做到分工合作的地步。剩余的人口除一部分向北美移民外,也参加城市内新工业的生产制造。农村劳力的来源既减少,地主不得不向农民让步。及至世纪末年全国经济已开始变型。

挪威在本世纪初期,充分得到水电展开之裨益。其他国家尚以煤为能源，此邦则因自然之赐无处不可以用水电改变生产方式，举凡木材与纸浆之广泛开采，农业生产技术之增进均受裨益。1905年之独立本因船业巨子作台柱而展开（其近因为挪威议会通过法案，本国船只不用联合王国之标帜，法案经瑞典国王否决），自是政府更向经济方面着眼。不十年而欧战爆发，船脚运费增至平日之八倍及九倍，挪威之水产及铜矿也被英德抢买。战时挪威人民不是没有经过各种苦痛，如物品价格昂贵，船舶又颇有牺牲——尤以德国使用无限制潜艇政策后为甚，船员死事者达二万人。另一方面商船之收入一项，已使该国由对外负债之地位成为债权国。二次世界大战期间虽受损失，破坏的程度不深。一经复原即容易超过以前的进度。

以上各种有利因素瑞典也直接或间接地沾光。然则瑞典之铁矿自17世纪即已闻名内外，炼钢制船及机器工业本来一直有所改进，而两次世界大战，其他各国之破坏及战后复员更使其工矿得到突飞猛进的机会。与其他两国相比，瑞典城市人口之增加又更显著。（可是近数十年三国也由外输入大量石油，1973年油价陡涨已受影响。近日因中东危机，油价又提高，也难置身事外。）

这三个国家之社会主义政策，看来也属情理之当然。本来产业革命后起的国家，其服务性质之事业更要由政府主持。要避免先进国家的覆辙，各种福利政策又不可少，即在俾斯麦时已有成例在先。瑞典挪威与丹麦公共事业国营，很多水电交通事业由市政府独占的原则，即在社会党登场之前已为保守派及自由派人士承认。以后执政的社会民主党（Social Democrats）原来也遵循马克思的传统，可是已早放弃阶级斗争的方针，也靠与其他党派合作，才能取得多数。

旅游的事业也占这三个国家收入中的重要部分。无意中，三个国家在招待游客间表示了不同的性格。挪威好户外生活，强调征服自然的勇气。滑雪山坡上国王的铜像显示他牵着狗散步，气度爽落。现在的国王奥拉夫第五（Olaf V）现年八十七，是三个国家中较有实权的王者，他年轻时曾参加滑雪竞赛。奥斯陆的博物馆除了陈列维京的高头船外，也陈列了探险北极的船只和第二次大战期间两个挪威人冒险渡海参加在英武装部队的舢板，全长不过十余尺，毫无特别装备，又有冒险家拟横渡太平洋及大西洋之草筏，即是威格兰公园（Vigeland Park）的雕像六百余尊，全部裸体也以户外作主题。丹麦显示着她的封建传统。王宫前的卫队换班仍吸引游客的兴趣，有如伦敦之白金汉宫，希勒洛（Hillerod）的碉堡内至今还有丹麦王室为主体的武士团成员之名位，即当今暹罗国王及现任日本天皇明仁亦赫然在内。（实际上不过由国王授予各人勋章。）而现今之丹麦女王玛格丽特第二（Margarethe II）则系一个毫不矜夸的人物，衣饰有如家庭主妇。瑞典注重长久之过去，王宫陈列着传国珍宝。相去不远之寺院埋藏着多数该国君主，包括前述戈斯塔勿司·亚多尔夫司。值得一提的是前任瑞典国王，当今国王之祖父戈斯塔勿司第六，为有名的学者，曾参加中国的考古工作，至今斯德哥尔摩仍有东方博物馆，传统上瑞典学界对汉学颇感兴趣。

我们看到这几个国家田园修饰，所至之各处餐厅整洁无瑕，人民也守法有礼，无一夫一妇衣服褴褛，也未见任何儿童无人管教流落街头,无法不感觉敬羡。可是参照书本,也知道发展的过程中各国都有不同的遭遇,其他国家无从全部仿效,况且一百年前三国之君臣也断想不到今日之景况。在技术方面产业落后的国家只能参照中外情势,由旧式农业管理的方式,进至商业的条理管制。至于进展到何程度则无法勉强苛求。物质条件是组织的资料,却不是立国之宗旨。它可以从旁使人民的生活更为充裕而有意义,却不能单独地代表这种意义,尤其不能代替全体的人民。挪威1905年的独立运动之另一动机即系其领袖看到对外移民过多,希望增强民族国家的自尊心。

那么,什么是人生的真意义?这问题便是我们在奥斯陆峡湾的岛屿上所产生的感想了。今日很少人提及的希特勒曾试作歌剧,叙述日耳曼民族尚是初民"邪教"时受基督教徒传教的情节。可是作传者没有详述剧本内容。我们知道的则是他认为皮肤白皙金发碧眼的日耳曼民族(当然包括瑞、丹、挪人民在内)最有创造精神也最有出息,应较其他人种有更大的生存机会。这观念一经他提倡,就索性贯彻到底,甚至在他眼里贪婪丑陋的人种亦不妨将之斩尽杀绝。这样,他就完成了一生的使命。

也有人认为生活没有真切的意义,即使有,我们也无法知悉。18世纪苏格兰哲学家休谟(David Hume)即强调人类的知识不外从感觉(sensation)所获得,所以无法证实其真实性。有人提及全能的上帝创造完满的宇宙。休谟即反问,我们如何保证这不是一个"婴孩上帝",初出茅庐地制造宇宙,结果是一团污糟,既不合理亦多费材料,以致他自己不堪回首，只好任之弃之？我们看到冰河遗下的痕迹，想到古生代的巨象，也甚可作这样的怀疑。

地理上的因素是推动人类历史的主要动力。在多少场合中有决定性的影响。现在很多历史家相信斯堪的那维亚的森林繁殖过甚，才引起日耳曼民族的大迁徙。在其过程中也促进现代民族国家之成长，甚至影响到资本主义之展开。例如威尼斯人即为逃斯堪的那维亚的哥特族人（Goths）的侵犯，避难斯岛，发现无土可耕，无纤维可织，才锐意经商，既兼鱼盐之利，也以商法为民法，造成资本主义的基础。马克思也指出：威尼斯存积的资本，透过荷兰，而输入于英而美，促成该国家之成长。东亚大陆的情形则因戈壁瀚海，寸草不生，其周边也不能供应多量人口，一遇干旱，匈奴突厥就大举南侵，近千年来更有契丹女真，除了保持游牧民族的大量骑兵之外又控制一部分农业人口，更为患中原。针对这样的威胁，才有中国传统体制之绵延不断。中国的官僚政治初期早熟，在技术成长之前即强行中央集权，以至官僚集团之逻辑驾凌于实情和数目字之上，其阻碍现代化之情形，我已在各处指出。只是在欧美科技展开之前，也曾在体制上和文物上展现过光辉，总之也是出于生存之需要，当中联系着一个时间因素。

今日，则两种体制经过长期的琢磨，已有汇合的趋势。我们不能再强调优胜劣败，弱肉强食，也无法提倡劫富济贫（因为各国财富也是她们组织上之脐带）。因之只有互相激劝，增进彼此之同情和谅解。况且再瞻望亚洲腹地和非洲各国，很多地方仍是哀鸿遍野。这些地区之不安,即非人类之福。所以今日之斯堪的那维亚国家一方面企图保持近世纪来之局外中立,不愿参与超级强国政治,一方面又热心于国际和平运动,积极支持联合国,是出于今日"天下混同,区宇一家"之趋势下的警觉。也就是说,今后人类如仍企盼生存,则除了在技术上增进之外,群众生活之伦理标准亦不得不胜于往昔。

1991年1月9日《中时晚报》时代副刊

再叙瑞典

瑞典的历史中,有好几个有趣味的人物。虽说他们不一定是我们崇拜或钦慕的对象。

前次我已提及戈斯塔勿司·亚多尔夫司。他殒身于三十年战争之中,但是他的军事行动,扩张了瑞典往北欧大陆的领域,也巩固了新教的地位。现在尚要说及主持"北方战争"(The Northern War)的查理十二,和创立白纳多特(Bernadotte)王朝的查理十四。恰巧他们的功业彼此都有一百年的距离。亦即按照上述的顺序,他们名传遐迩之日,大约接近于1610年,1710年和1810年。

查理十二,十五岁登基为瑞典国王,时在1697年,只三年而北方战事爆发。原因是丹麦国王、波兰国王、俄国的沙皇彼得大帝以及今日德国境内的几个公国,都企图夺取瑞典在波罗的海东岸和南岸的领土。也乘着瑞王年轻而缺乏经验以为轻而易举。殊不知查理即在髫龄时,由他父亲监督之下,受过各种刻苦耐劳的锻炼,也能身先士卒,有严格驭下的能力。1700年初,这几个国家按计划行动。查理十二采取内线作战的不二法门,实行各个击破。他首先登陆于丹麦,先声夺人,不战而丹麦王屈服。这时候波兰军攻击瑞属波罗的海东岸的领土不下,查理乃于秋天横渡波罗的海。他没有遇到波军,于是决定移麾攻击俄军。当年年底那瓦(Narva)一役,他创造了以寡敌众的奇迹。

瑞典国王率兵一万人，可是组织训练装备都比俄军强。俄军据称有八万，但至少有三万五千人参加战斗。瑞军窥破对方阵线上的弱点，于是集中兵力遂行中央突破，俄军溃败后沙皇退还国境。

1701年查理十二再向波兰进兵，其时波兰国王为沙克逊（Saxon）国主，波兰人偶一挫败之后无心战斗。查理乃轻辞重币地到处招降。1702年瑞军占领波兰国都华沙。可是他又再花了两年的时间，才将波兰大致平定。至此他和波兰人为约，废原有波王而另立波兰贵族首领为王。可是沙克逊国主并未成擒，他仍受俄国津贴，实行敌进我退，敌退我进的办法。查理不得已，又只能直捣沙克逊老巢。1706年秋天他占领了沙克逊，至此其国主才接受城下之盟，宣告放弃波兰王位。

1707年查理东向企图与彼得大帝决战。1708年集中兵力于立陶宛之维尔纳（Vilna，现在苏联境内），其目标为莫斯科。至此瑞典国王替19世纪之拿破仑和20世纪的希特勒预先伏下了一个劳师远征俄罗斯，不败于敌军而先见挫于天候及地势的前例。瑞军原拟向莫斯科进发，约三百英里处而已入秋，查理乃折向南入乌克兰，预料当地之哥萨克部队接应，不料沙皇已早有对策，哥萨克部队参入瑞军的人数有限，而且士气委靡，瑞典的接应部队则沿途被俄军截击；所带来的供应更极短少。查理十二仍无气馁的状态。青年国王仍在与部下共甘苦鼓舞士气。1709年夏天波尔塔瓦（Poltava）一役，瑞军一万七千人，俄军四万。彼得屡次战败，举动犹疑，查理企图邀他于原野决战，乃先围攻波尔塔瓦北之阵地。只是刚一接触，瑞王即负伤，其副指挥官无国王之智勇，也不能在战场采取主动，瑞军死伤被俘者众。查理被劝由军士数百人丛拥入土耳其人之奥图曼帝国。后卫指挥官被俄军包围，降彼得大帝。

至此查理仍不放弃与沙皇决战之宗旨，他继续鼓吹并赞助土耳其人侵袭俄国，并遥对瑞典指挥。况又一度被土耳其人囚禁，于是者五年。最后与其随从于1714年10月出走，隐匿身份地飞驰贯穿敌境，而于11月抵达瑞典在北欧辖地。同行者数百人，至北欧时只二人。他回国后，又再筹备下次战役，又已集结三万人，也仍须对付在挪威之丹军。不幸于1718年在挪威巡视时殒身。他究竟是阵亡还是被谋害，始终无法断定。

要是查理十二之一生行止有传奇性，则查理十四只有过之而无不及。

白纳多特（Jean Baptiste Jules Bernadotte），法国人，1780年十七岁，于路易十六的部队里当兵。九年之后也曾一路升迁，可是大革命展开之后，才是他将星高照的日子。1797年他奉命率兵二万支援拿破仑的意大利战役，从此两人的功业与出路，纠缠在一种离奇的状态之中。

他们两人的年龄（白纳多特长拿破仑六岁）、出身、才干、志趣和胸有城府的情形大概相似，照理必有一番斗争。可是白纳多特于翌年与拿破仑之前未婚妻结婚（拿破仑已娶约瑟芬）。夫人 Desirée Clary 之姊又嫁与拿破仑之兄约瑟。从此两人有亲属关系，白纳多特也像拿破仑之弟兄一样，对拿有批评而又忠服；拿破仑也能容纳他的若干独立性格。1799年他任陆军部长，那年拿破仑以兵变夺权，白纳多特曾反对他的非法行动，但是在紧要关头却又支援。拿破仑于 1804 年称帝，升白纳多特为元帅，并封为郡公。1805 年拿破仑的奥斯特黎兹（Austeritz，今在捷克境内）战役挫败了俄奥联军，奠定了今后称霸欧洲大陆十年的基础；白纳多特也在这战役里建功。

兹后几年白以军政总督的身份治理德国北部若干地区，以能干而有效率，更对人民温厚著称。他也曾公开地流露对拿破仑不满。也是在这种情形之下他展开了对瑞典人士的接触。后者对他的公平慷慨具有深切的印象。

瑞典在 18 世纪和 19 世纪之交，在极不稳定的状态之中。她仍拥有芬兰及波麦兰尼亚（Pomerania，今东德波罗的海沿岸）之一部分。她的宿仇为帝俄及丹麦。因为芬兰她曾与俄国长期交兵。法国大革命弑君为民国，又产生恐怖政治，欧洲各皇室都有参与干涉的动机，在这情形之下，瑞典王国又须亲俄而联普鲁士及奥地利。只是一般军官和贵族中的青年分子（两者互为表里）则景慕法国人所提倡之自由、平等、博爱，更同情他们除旧布新的精神。拿破仑登场后情势更为复杂。英国恐怕丹麦舰队落入法手，曾于 1801 年炮轰丹麦首都哥本哈根，摧毁了丹麦船舰，逼着丹麦仇英亲法。根据远交近攻的原则，瑞典也必反其道而行，只有背法而通英，于是乃有 1805 年之瑞典的参与反抗拿破仑阵容。只是当日拿破仑仍是所向披靡，接着又有耶拿（Jena，1806）和弗德兰（Friedland，1807）的两次胜利，除瑞典外欧洲大陆的反抗都已平息，拿皇于是鼓励帝俄及丹麦于 1808 年向瑞典宣战。丹麦只能透过挪威在边境骚扰，俄军之入侵芬兰则使瑞军接二连三地战败。

在以上情形之下，瑞典经过两次政变。1792年国王在斯德哥尔摩的歌剧院被暗杀。1809年之兵变，青年军官因着国事蜩螗又废当时的国王而迎立其叔父为王，是为查理十三，时年六十一，尚无子嗣。因着立嗣问题，也是众议纷纭，更增加情势之不稳。最后国王接受支持者之建议，遣使谒拿破仑，愿得白纳多特亲王元帅为养子，嗣承瑞典王位。拿皇既已姊妹弟兄皆列土，称王于荷兰、西班牙及德意境内，至此其建议初看起来荒唐，实际也不为过。有历史家称白纳多特初不愿往，在拿皇命令之下曾说，他日若为王，则只能以瑞典社稷为重，而无法再瞻顾法兰西之利益，也有人说他暗中活动瑞典名位。总之则是白元帅时年四十七岁，改名 Carl Johan，放弃天主教，皈依路德教派，承受拿皇之认可，成为瑞国王储。他一生不谙瑞语，只是被立嗣之日即主持瑞典军国大政。此人身长，面圆，发黑而浓卷，既具仪表，而在谈吐交接时带魅力。在他主持之下，瑞典与俄国英国修好，听任帝俄攫取芬兰，本身以向丹麦接收挪威为补偿。不久拿破仑又发动征俄之役，从莫斯科退出之后，奥、普、俄再度纠结兵力与法军战于欧洲中部，瑞典王储亦率瑞兵八万至十万参与联军。除以约二万人保守瑞典国门之外，王储亲率之六万五千人一路监视拿破仑之进展，最后于1813年10月投入莱比锡（Leipzig，今属东德）的战斗。是役决定拿破仑第一次之被逐放。胜利后瑞军也参加追击，只是不及法国之国门即折向北，彻底威胁丹麦、确实获取挪威作为战果。从此瑞典永远放弃芬兰以及波罗的海以东以南在大陆的领土及历史上之宗主权，只与挪威成为联合王国，各有议会而共一皇冠。

王储于1818年嗣位为瑞典兼挪威国王，称查理十四，自此终身偃武修文，提倡教育，修造瑞典南部横贯东西之运河，稳定财政，再未豫闻任何战争，1844年逝世时享年八十一岁，为瑞典国王亦二十六年，临终时曾夸言世间无人创下如我之功业。

如果我们将他一身经历拿出全盘衡量，只觉得此言不虚，白纳多特弱冠以布衣从戎，以后既为革命军将领，也是拿皇的新型贵族，终为异国王储。他既尽忠于拿破仑，也执鞭弭与之周旋，却又全部公开合法，算不得通敌叛国。而且拿破仑被放逐后所设立之卫星王国，全部瓦解，只有白纳多特王朝至今犹存。其子嗣也与欧洲年代深远之王室联姻，今日丹麦、挪威与瑞士之王室也都可以算作他的后裔。自他之后，瑞典也再未与任何国家交兵。挪威于1905年独立，并未引起兵革，瑞典也逃过两次世界大战之难关，如是长期的和平近二百年。他留下来的白纳多特王朝历经六位君主，接受了19世纪以来自由主义和自由贸易的潮流，将一个中古型的国家体制改造而成现代体制，如此都为古今中外之所未有。

以上三个瑞王的经历都带传奇性。戈斯塔勿司·亚多尔夫司在浓雾包围之下与部队主力隔离，力战而死。可是他的战略目标却已获得，北欧从此被保证不受维也纳的统治，新教的基础也日趋巩固。查理十二则被一颗滑膛枪的弹丸由左至右贯穿额部而英年早逝，他曾被称为穷兵黩武，可是他的为人又为各方景慕，即他的对手彼得大帝也称他为英雄好汉。及至查理十四既是革命家，又是职业军人，却平白地被异邦人士邀请为国主,而且今日不少在欧洲有历史的朝代都被推翻,白纳多特王朝却毫无动摇的迹象。

但是读者至此也不免发问:这些故事诚然不乏兴趣,却不知与我有何相干?我们今日亟待对现代政局的演变有最基本的了解,因之才参阅到各国历史。难道提及瑞典不已,又还要详至其帝裔世系?

我的解说如次:这些情节已不仅是瑞典历史,也是现代欧洲历史中一个重要的环节。影响所及,也仍与现在的世界大局有关。

欧洲各国从中世纪发展到近代,在马克思看来无非由"封建社会"进入到"资本家时代",这样的解释,并非整个地不正确,只是失之过简,容易被利用作为阶级斗争的凭藉。我们也不能说阶级斗争全未在历史上发生,只是认为阶级斗争是推进历史的首要工具,则与事实不符。在重新检讨各国衍化的程序时,我们最好看清它们都有从"朝代国家"(dynastic state)进展到"民族国家"(national state)的趋势。前者以人身政治为主宰,只要因着臣属关系和家庭关系能使上令下达,则纵是疆域领土畸零分割,人民属于不同的民族,操不同的语言,亦无所不可,以后交通通信进步,人口增多,产业发达,一个国家之能在行政上有效率,端在其疆域方正完整,人民在人种上或语言上和谐一致,文化上具有向心力,于是才有后者的抬头。

可是在历史上讲,这样的改组不出于一种自觉的运动,而是很多国家,因着各种不同的原因,经过一段变乱,在长期间内将这转变构成事实。只有从历史的后端看来,我们才能看清这种运动,首先多以宗教的名义发难,以后则地缘政治(geopolitics)的影响越来越浓厚。

最近两个多世纪以来，更有加强经济组织的需要，于是以前朝代国家以农业社会习惯作管制之南针，至是才有民族国家以商业习惯和效率作为治国之基础。马克思彻底大规模地简化历史，才称之为封建社会转变而为资本家时代。在《共产党宣言》里他用了短短的一段，概括了牵动了全欧洲跨越数个世纪的一种运动。其重点在指出封建领土与农奴间的利害冲突终导引到市民阶级之抬头。

以上三个瑞典国王的事迹也替这段历史提出见证，即是我们将当中的曲折一再减略，仍可以看出事实之发展不能算是与阶级斗争互为表里，而只有地缘政治的重要才至为明显。

这故事既有社会环境之纵深，也有国际舞台之复杂。其开始即是欧洲自中世纪告终以来，今日之德国（包括东德和西德）尚保持封建社会之体制，全境分为约三百个单位，内中大公国、侯国及主教区和自由城市总数都约略相等，不仅各单位的面积大小悬殊，而且当中尚有飞地而互相阻隔之情事，在中国历史中只有魏晋南北朝一段差可比拟。本来马丁·路德之提倡宗教改革，既有人本主义之精神，也有国家主义的趋向。他在与教皇冲突时，即呼吁日耳曼民族的王子郡主为支援。各王子也多乐于新教，尤以北方的王国为甚。他们已有海外贸易之利润，也承望因之脱离教廷之束缚和财政上的索取。奥地利之王室，则把占了神圣罗马皇帝的地位，以"卫道者"自居，在维持天主教的正统之名义下，希图将仅有名义之领主地位增强，构成一个实际控握广土地区之威权。

维也纳之企图加强管制，也和巴黎发生冲突，法国眼见哈布斯堡王朝在西班牙、意大利、荷兰、比利时都辖有土地，再加强德境之统治，不免感到三面包围。只是在 16 世纪的后期各种冲突途倪纷纭，都未达到有决定性之后果。

17 世纪初期展开之三十年战争，牵连了很多国家，也可以视作前世纪未了之各种变故之继续，最初也由宗教问题而起，也因各国彼此毗邻，不免在利害关系之间猜忌嫉妒，才牵一发而动全身。只是战事愈近后期，新型国家间的冲突愈为明显。宗教问题被置于脑后。法兰西虽奉天主教，为着不愿奥地利势力之膨胀，首先津贴瑞典，以后更出兵支持。丹麦初为新教之领导力量，眼见瑞典军事上之成功，却又不甘坐看强邻压境，于是反戈与之兵戎相见。战事在 1648 年结束时，法国与瑞典同为战胜国。因之戈斯塔勿司·亚多尔夫司今日之铜像，尚在斯德可尔摩歌剧院之前，他虽不能亲身体验得到，他的功业，已代表着瑞典实力膨胀之最高潮。这国家除了拥有芬兰，占领了今日之列宁格勒和最近向苏联提出独立要求的波罗的海沿岸三个小国之二以外，又控制了今日之东德、西德与波兰的海岸据点，尚且囊括了自丹麦以东海内的全数岛屿。此时称波罗的海为瑞典之内湖，实不为过。

一个世纪之后，又有奇人查理十二之出现。只是他却成了一个悲剧的英雄。他的战败和最后以身殉，虽然值得读史者的同情，可是于国运无补。因之也有人认为他好勇而无长久的计谋。更有不少的瑞典人认为祖先遗留下的大帝国不能保留，以至今日瑞典除本土外，在欧洲大陆无尺寸土也应当由他负责。

又有一批瑞典历史学家如哈仑多夫（Carl Hallendorff）与休

克(Adolf Schüok)则认为查理十二实在是企图"保全着一个无可拯救的局面"。至 18 世纪初年瑞典尚掌握着波罗的海东部的制海权,也仍保有着瑞典陆军的优秀传统。以前在大陆所拓土则富有经济上的价值而缺乏战略上的纵深。所以他眼看着四周各民族国家之兴起,迟早有将瑞属各据点取得之势,他除了自动放弃这些属地之外,也只能先发制人,以攻为守。事之成否不说,此外也别无他法。

今日看来,奥地利本身虽属日耳曼民族,并因王室沾染着神圣罗马帝国之名号,也被属下其他非日耳曼民族附庸拖累,她之企望作北欧之主宰,不免与时代之潮流相违。而且各地采用新教已有一个世纪以上的历史,也不容在此时再将时钟倒推回去。瑞典以波罗的海为内湖,可是如通北海之孔道却为丹麦、荷兰把守。瑞典企图发展商业时即受两国干涉,瑞典之海军亦不足为二国之敌,这国家的人口与资源有限,其长处在国王本人控制多量之土地,每一发生对外战争,即将其一部出卖或颁赐功臣,筹款之后,募苏格兰及德境之雇佣军。所控制之王土经过大量之消耗,则又施行一种带历史性而离奇之法制,称作 reduktion 的,我们无妨称之为"强迫退田"。亦即新王嗣位时,各人仍有将王土之一部退还朝廷作为新的基础之成例。于是不仅出尔反尔,也因财产权不能固定,影响所及,即种田人亦无从知悉本人之身份地位,查理十二在 1697 年登基时,即因在黎方利亚(Livonia,今日之爱斯东尼亚及拉特维亚之各一部,刻下此数国正宣告脱离苏联而独立)之大地主巴特古(Johan Reinhold Patkul)不甘心瑞王所谓强迫退田,投诉于法庭无从获胜,乃游说各国王,并且鼓吹日耳曼传统才引起"北方战争"之展开。可见得当日瑞典之拓土,并未脱离朝代国家之作风,也仍未放弃封建体制(欧洲封建之一重要原则即是国王永远不放弃土地之基本所有权)。

总之德国境内情形过于复杂。构成民族国家尚待一个半世纪之后方能成为事实。况且纵如是,东欧自波罗的海沿岸各小国,南迄波兰俄境无自然之疆界,若干地区人口混居,当中种族语言宗教各异,易开争执之端,也触发彼此之安全感,本世纪以来循着这东西轴线所发生大规模的军事行动已有多起,即疆域亦曾数次变更。而至今此带有威胁性之因素并未消除,自此也可想见18世纪大陆上数个国家协同的将瑞典之外界势力驱除,实为简化局面的办法,在历史上具有当前的积极性,此非查理十二个人之威望能力所能挽回者也。

自此又约一百年,则有法国元帅成为瑞王之养子。白纳多特既同拿皇起兵肃清欧洲封建势力,以后又厌倦波拉巴特之干戈勿戢了无止境,以他的经历和态度,他对地缘政治的力量和各国民族自决之潮流不能未具用心。他的"不介与政策"不仅使瑞典长期享有和平,也成为这国家今日局处中立的基础。

然则和平与繁荣之间,尚有一段至大的距离,终于19世纪瑞典仍是欧洲一个偏僻而穷困的国家。今日瑞典的平均国民生产总值冠于欧洲各国,大部得自两个主要因素之助益。一是向外大量地移民,减轻了国内人口的压力,也使工资提高、经济的改组不遇障阻。另一因素则是因借着科技的进步,开发了以前无法开发的资源。这两个条件同时生效,给了主政者一个全面筹划的机会。

瑞典向美国移民的数目,没有确切的统计。一般估计自 1870 年至第一次世界大战的爆发共一百五十万人。内中也包括以后由美回瑞的人口。1920 年间的估计,当时居住美国的瑞典移民为六十三万人,再加上移民之子女则也近于一百五十万之数。此外加拿大也有瑞典移民及其子女约五至六万人。总而言之,这在该国 19 世纪的人口六百万和今日之不及九百万的数目内是一个很可观的数目。

移民最早的时候发动于 1840 年间,亦即是查理十四自称功德圆满的前后(美国开国前曾有瑞典人士移殖北美洲,可是 17 世纪的探险拓土,不能与以后移民并论)。当时移民的原因大致为宗教信仰上的歧异(以 Eric Jasonists 为主)。以后的原因,则以经济上的成分为多。

初看起来,以一个面积略等于台湾十二倍的国家,迄今人口不及台湾之半,尚要向外移民,颇为费解。可是我们要注意迄至 19 世纪之末,瑞典主要的仍是一个农业国家。1850 年农村人口为全国百分之九十。迄至 1900 年仍占百分之七十五。北部既奇寒,即南方也多森林湖泊,再用旧式农具操作,也无法维持大量的人口。打开局面的条件,首为工业化,而这条件则待科技之展开。

亦恰当 1850 年间及 1860 年间正值该国大规模移民发动之际,西方的科技有了长足的进展。瑞典主要的资源,为森林及铁矿。在蒸汽机发动的木锯登场之前,木材的开采,主要限于南部偏西的海岸一带。机器锯木开始于 1849 年,至 1860 年间而普及,也随着英国市场之扩大,开采才遍及于北部。有些树木如云杉(Spruce),只能作纸浆用,也待 1880 年间发现的化学媒介,才能大规模生产。至世纪之末,瑞典出产之木材占国际输出之百分之四十,而不久输出之纸浆又超过木材之价值。即铁矿亦复如此。迄至 1840 年,传统的炼法使低级矿砂无法采用。1840 年炼法的改进,1850 年间的"兰开夏法"(Lancashire Process)之炼生铁,及 1860 年间之"白塞麦法"(Bessemer Method)之大规模制钢以及 1880 年间之"吉尔开司法"(Thomas‐Gilchrist Method)使工本愈来愈低,于是低级矿砂可用,含磷质的矿砂也可用。及至本世纪瑞典的大量矿砂出产于极北偏西,接近挪威的港口一带,即是以前之所未有。1940 年希特勒占领挪威,当中一个原因即是波罗的海冬季冻结,瑞典的铁砂全依挪威方面之港口入海。挪威方面有海洋暖流才能使船舶经年通行。

在这些科技所造成的突破之前,瑞典铁矿及所制铁几乎全用于输出,至此才在国内大规模地修建铁道,开设机器厂,促成造船业之突飞猛进。国家普遍的工业化后城市人口增加,再加以向外移民,农村的人口急剧地减低,劳动力紧缩,农业生产的现代化和机械化才合乎实际。以上的情形经过几十年的经营,也待到第一次大战前后才发生确切的效用。农业技术的增进包括沼泽地带的排水,使用化学肥料。大型农具的使用最初仍用马拖曳,以后才用自动的机械。

所以瑞典的初期存聚资本,没有经历有些国家例如中国所临受的痛苦。亦即毋须强迫农民胼手胝足的节省,而系自工矿分润至农场。也因为铁砂木材与纸浆都有已开设之市场,亦用不着向外长期举债。可是从纪录上看来,瑞典最初的保险业,仍操在英国人手里。

在组织新型的农业和工业的过程中却自始即有政府之介入,这样也构成今日瑞典社会主义立场之基础。瑞典之在农村中组织生产及消费合作社较丹麦要迟几十年，看来也取法于丹麦。我自己最近十年来粗枝大叶地观察各国经济发展情形时，着重每一个国家的农业财富与工商业的财富之自然交流。要是某一个国家进展到这种程度，以后之进展即可加速（很多人没有注意：今日中国已初步到达此田地），可是要如此，则先要使农业土地归并集中，才能增强效率，接受投资与借贷。凡此都是瑞典政府几十年来一贯的政策。政府不仅有选择性地颁发津贴，而且设立咨询的机构，主持土地的买卖。每一地区都有一个农业管理处，也有一个乡村信用合作社。土地的转让都通过于前者，后者即有如银行。如需借贷买田及购置大型农具，借贷人不得现款，而系将发票交信用合作社，经过后者审核之后才发款，务使所举债不致浪费。至于牛乳乳酪的生产，合作社更不可少。通常以上的产品都用十吨以上的货车运送。货车公司及批发商只向合作社交易；即向各农户收集产品也仍须由合作社划账。所以这个国家农产品的生产和分配都已大型的商业化，即乡村中也有高度的组织。

在近代瑞典政治中占显赫地位之社会民主党（Social Democrats）创立于19世纪末期。起先标榜马克思主义，可是后来参加工会运动，主张十小时工作制，提倡全民选举，在这些实用的行动之中，逐渐脱离了阶级斗争的抽象理想。在20世纪虽长期的为多数党，却也经常与其他党派合作，也间常在选举时短期的失去了优势，而且党内也仍有左右的派别。换言之，看来与政党政治中的一般政党没有基本上的区别。可是它的成员，也渗透入工会组织和其他社团之中。这些组织与社团也在行政机构里发生了力量。所以有人说现行瑞典的政治体系是传统的官僚组织与现代代议政治的一种结合。本来两种不同时代的体制互相重叠，在瑞典已无足为怪。白纳多特王朝，即是这样结合的一种产物。今日瑞典也一面推动民主与社会主义，一面又仍以王室和传统作排场，在举行各项仪礼时尽极炫耀。

所谓社会主义的趋向，表现于税重，社会上之福利也周到，从老年人之赡养到儿童之生活费都已顾及。政府不仅干预经济，其本身也持掌着很多服务性质之企业，有如交通、通信、广播事业与能源。斯堪的那维亚航空公司SAS由四个国家公私股份组成。初成立之日，此邦政府立即在瑞典之份内认股百分之五十。全国的合作社构成一大组合，力量庞大，瑞典政府也是其中的股权人。也还投资于各种生产事业。各处市政府也同样的表示它们似于大公司的性格。可是全国的企业却又绝大多数仍在私人手中。有人也以为瑞典的经济，虽公私混合，到底仍以自由企划为主，所以仍为资本主义的性格。也有人以为其社会本身即带着协会性质，所以她的作风折衷于东西两种体制之间。

这种种说法，视各人之重点而定。在今日各种名辞陷于一种混淆的局面里，可能愈作理论上的解释，愈令人感到糊涂。我们看来，瑞典的社会主义与今日所谓共产主义的国家有一个显著的区别：此即她之自由的劳动力。此亦即是各人之就业纯依自我选择。前已言之，瑞典之现代化，毋须强迫群众在农场集体的操作去储积资本。可是她所聚资本，首先大概得于森林之木材及地下之铁砂。如此自然所赋予之物资，不期而然地即先带有一种公众性格。有了这种种历史上的因素作后盾，则不待意识形态的鼓吹，社会主义已有了潜在的实力。

这样的体制是否是一种成功？我们在斯德哥尔摩和哥吞堡（Gothenburg）巡视一周，当然经过旅游者必经之地，可是也漫步信行，穿插过一般旅游者罕至的大街小巷。所见所闻纵是走马观花，无法否定一般人公认此邦的整饬有秩序。以电子机作管制公众行动的工具，遍处都是。大凡银行交易，车站购票，各公共场所之间询，无不预领先来后到的数目牌号，然后听依次序之传唤。今日在美国之街头停车，犹依铁柱上之机械时表付费，在瑞典则以电钟将分秒印在卡片之上，停车人将卡片陈列于车窗之后，供询查人员检视。旧式之建筑及交通工具也仍所在多有。但即不特加粉漆也仍在朴素之中表示其整齐净洁。接待人员也一般循规蹈矩地有礼。本来我已看到旅游书刊指出在此邦做客通常毋庸付给小账，即付少数即可，因为"服务附加"已列入账内，可是计程车则必给百分之十五之数，因车夫须另向政府缴税。偏巧我们离开斯德哥尔摩之拂晓，计算有欠周详，到头无法给付小账确如其数，甚为狼狈，车夫之内心反应如何，不得而知，可是他始终有礼。要是美国，而尤以纽约之计程车司机难能有此宏度也。

瑞典的立法机构设计过度的周详，已经早有人批判。例如我手头有一本小册子内中提及："瑞典人对外宾全部和蔼有礼。差不多全数都说英语，也全数乐于表演他们所玩的把戏。他们可能向你诉苦，说他们的国家是西方国家中管制得最严格的社会。这在某些方面讲，却也说得确实。最近十二年来，瑞典国会的通过法律和制定条例有昼夜不停每八小时创制一项的进度,也就是每年超过一千件。可是在多种情形之内,一般人民和议员先生一样对这样的作法以轻率的态度对付之。这整个的一套既已进展到如此复杂的田地,已经没有人对之十分重视。瑞典人士对他们认为合乎情理的条例规则遵照奉行,其他则相应不理。"(节自福达 [Fodor's] 旅游指南《斯堪的那维亚》册 1986 版页三六九)

  可是也有些条例虽然繁冗而无法摆脱。从斯德哥尔摩市中心的空运汽车站(air terminal)到奥兰达(Arlanda)飞机场的巴士每十分钟一班,可算便利。车站的平面作长方形,占地广大,四面沿街,也各有人行道。可是旅客进口在一边,登巴士的出口在另一边,其他门扉全部闭锁。即人行道上的捷径亦形同虚设。我们已预买车票,看着巴士近在咫尺,也只能放弃近路而走远道,必须在车站建筑物内斜插而过,才符合了进由进口,出经出处的规定。而且尚不止此也,及至登巴士时,才发现车站出口有两重门,中有小室。起先前门封锁,后门大开。等到乘客二十人一批入室后,后门亦锁,室内红绿灯大亮,有一分钟左右如禁闭在电梯之中。然后后门仍锁,前门大开,我们才鱼贯出站按次序登车。全部程序经电气操纵。我曾有类似的经验,则系在美国参观监狱时。

  今日外间旅游者在此更感到"不便"之处,倒是物价高昂。例如火车站之自助餐厅,咖啡每杯十四个克朗,照此时的兑换率近于美金二元五角,杂货店之硬面包一块,也值三克朗,近于美金六角。倒是在渡海轮船上的头等餐厅反而价格公道,似和伦敦、纽约中等餐厅的价格相埒，可见得其价昂仍是一般服务性质的工资高昂之故。很多瑞典人以他们国民生活程度之高为荣。我们不止一次地听到中等以上的家庭不仅具有汽车，而且自备游艇。可是我们也不能忘记斯堪的那维亚各国的繁荣，也同和世界的繁荣共始终。19世纪末期此邦之现代经济初展开时，即受有美俄小麦登场倾销西欧的影响。瑞典近几十年来的突飞猛进，更与两次大战之后需要复原的建筑资料不可分离。今日不仅旅游事业为国际贸易之不可或少的一部分，而且斯德哥尔摩的水果市场产品来自世界各地。西班牙和意大利的已不用说了，而远者来自新西兰及哥斯达黎加，因之原油涨价，此邦经济必受影响。1970年间即曾使瑞典失业的人数有相当的增多。

我们耳目之所及，发现美国在斯堪的那维亚国家的影响仍为深巨。在城市间，英语的通行毫无阻碍，使我们忘记了英语是他们的第二语言。而且一般人的英语发音尚是美国语调，而间常带着美国俚语。电视节目全以美国所产所制为骨干。国际新闻以美国广播之网系作台柱，而其戏剧节目也靠美制电影支撑。即年轻人喜爱之流行歌曲，出租之电视磁带（video cassettes）亦无不如此。可是如此一来，美国（USA）之影响固然在文化方面，也偏重于享乐。制造方面之影响，则以日本为盛。斯堪的那维亚各国常见之汽车非欧制之贵型车辆，而以日制廉价车辆为多，这和伦敦的情形廓然不同。而且日制产品也及于各色通信器材。所以纵是美国之剧本和歌曲，而传达的则是日造的工具也。

到底这种体制是否一种成功？这就很难说了。首先提出瑞典的制度近乎尽善尽美的是美国新闻界巨子柴尔兹（Marquis Childs）。他作此言时在1930年间。今日已经相当的物换星移。在牵扯全局在大范围的问题中作结论，我们所遇到的困难，则是没有绝对的标准。前已言之，我们看到斯堪的那维亚的国家而以瑞典为盛，全部整齐清洁，秩序井然，不能不表示敬仰。而且此行未看到一夫一妇衣服褴褛，一个无教养的儿童踯躅街头，尤其值得羡慕。可是要提及全民都乐于这样的体制，则至少缺乏立论之凭藉。

我们也可以从各种书刊看出：瑞典也有已开发国家的各种苦闷。比如说：社会民主党好像都把各种问题解决了，而实际上工会领袖、合作社负责人物即此也成了新型官僚阶级，忘记了为人民服务的宗旨，反而自命为国家主人，颐指气使。在追寻效率的要求之下，无论是农场，或是林园，或是屠宰场，都只有愈做愈大，小本经营的业主仍无法生存。又因为离婚的公算高，父母都忙于工作，子女失去监督，很多年轻人组成帮派，盲目地寻乐，有时也成为警察巡视的对象。我们在简短的行程中没有目击到这样的情节。可是根据已经知道的背景，如此的报道必有事实上之根据。

即此我们也可以领悟人间天堂总是一种理想。瑞典前国务总理帕尔梅（Olof Palme）出身富室，却同情于穷人，曾主持着不少社会福利的立法，曾尽力于教育及宗教工作，也曾用他的声望去调停国际的纠纷。如此一个乐于为善的人物，竟于1986年在与其夫人在斯德哥尔摩街头闲步时，被暴徒从后开枪二发被刺而死。虽说刺客迄未缉得，也有人相信其为神经病汉。然则，纵如是也无法否定其社会仍有罅隙，并未能由物质生活之完善即已造成一个乌托邦。因之我们也只有更强调财富为组织现代国家之一种资料,却难能为一个国家或一个民族所可能追求之目的。

瑞典的历史,也和其他民族国家的历史一样,要是观察者将视界阔大,眼光放深,则可以看出其前后衔接,虽说当中也有出人意料之成分,却没有不能解释的奥妙。这个国家本身放弃为超级强国之后,即希望不再介入超级强国的争端里去,可是她的发展仍与外界的发展不可分割。因之她提倡国际的和平,热心于联合国的行动,也有内在的原因。她的经济系统,自有特色。即强调其社会主义的性格也好,或强调其本格上的资本主义性格也好,只是一经展开,其所有权和劳动力即构成一个大罗网,而且越做越大,因之与国际的发展也越不可分割。

我们乘坐的SAS飞机自斯德哥尔摩起飞三小时后接近英伦。邻座的一位瑞典乘客借我的笔填写入境报告单,引起一段谈话,不久就牵扯到瑞典的物价上面去了。

"不仅你们以为高,我们也以为高。"他很着重地说。"我们还要纳高度的所得税,百分之三十至百分之五十。"

稍停之后他又继续下去。"现在瑞典是欧洲生活程度次高的国家了。第一位则是意大利。很多人说下次选举时,社会民主党有问题,这很难说。"

"不过你们向来是一个福利国家(welfare state)。"我就插上去说。

"那倒是真的，教育不付费，医药也不付费（free school, free hospital）。"

我没有告诉他的乃是回美之后我们还要立即筹付一年一度的一千三百美金的学校税。而且纽约街上仍有很多乞丐，最近我们也看到伦敦也有乞丐出现。

"你们的失业救济一定办得好，"我说，"这次在斯德哥尔摩，我看不到一个沿街行乞的人。"

"现在也有了，"他更正我，"在地铁那边有一个家伙，我看着他每天都在那里——有一个多月了。"稍隔一下他又说："不过他们大概都是外来移民，那个人就是罗马尼亚来的。"

这时候飞机已至英国东南的 Anglia 上空，驾驶员说明他会向着泰晤士河飞，到伦敦的"大本"（Big Ben）之后才折向右准备在希则罗降落。

1990 年 10 月稿，1991 年 8 月修订

卧龙跃马终黄土

人事音书漫寂寥

沙卡洛夫

我一听说某人是"中国的戈尔巴乔夫",某人是"中国的沙卡洛夫",就觉得心头非常不安。作这种说法的人,通常简化历史,将中外情势混成一气,满以为某人能在外国如此,我方也应当在中国如此。有时尚且鼓励被说的人去东施效颦做得文不对题,其始也失之毫厘,最后则可以谬之千里。

还有些批评家动辄将人物区分为好人及坏人,全凭一己之憎爱将被说者身世环境经历与行止一并抹杀。有如班固著"汉书"时创制"古今人表",将洪荒以来传奇性及现实性的人物按三等九则区分他们的高低,而以褒姒与妲己同列为"下下愚人"构成以道德解释历史之**最极端**。

以今日世事之丛复繁蝟,我们要说某人的行动举止完全完善无瑕,另一人则毫无是处,更属迁就,而有时近于滑稽。闲话少说,苏联的反对派人物沙卡洛夫(Andre Sakharov)于去年12月14日因心脏病发作去世。他的《回忆录》则早已准备就绪,英文本之上册于今年秋季在美国出版,其文字直捷,立场诚恳。此间提出值得我人特别留意的地方三数则,即可以由读者自行看出:客观的叙述人物和主观的批议人物当中有很大的区别。

沙卡洛夫生于1921年,他的家庭在帝俄时代已迹近贵族,至少也属上层阶级，他的外祖父在本世纪初年以军功任陆军少将，他的母亲上过莫斯科专为贵族所设的女塾。他的父系则世代以任传教师为业，他的祖父是一个有相当成就的律师，祖母属于波兰的贵族。他的父亲攻数理，毕业于莫斯科大学。据沙卡洛夫说他是一个多才多艺的人物。自十月革命之后，他们一家一度流落在外，靠他在电影院弹钢琴维生。之后则在大学任物理教授多年，又著有通俗物理学教科书数种，也都能广泛的行销，即以版税的收入，他一家的生活程度已在苏联一般知识分子以上。沙卡洛夫自幼年生长于城市中，与今日苏联领袖多数由农村出身的不同。

沙卡洛夫本人也在第二次大战期间毕业于莫斯科大学。他早年在物理学上造诣甚深，这已不足为奇。他之成为一个"人本主义者"(humanist)则无疑的已从儿时课外的阅读，打下了根柢。《回忆录》里有他随意提出儿时所读书，包括莎士比亚的《哈姆雷特》、大仲马的《三剑客》、斯瑞夫的《小人国游记》、雨果的《悲惨世界》、歌德的《浮士德》、狄更斯的《块肉余生记》、斯陀夫人的《汤姆叔的小屋子》、威尔士的《时间机器》、马克·吐温的《汤姆历险记》和安徒生的童话。至于俄国作家如普希金、托尔斯泰和果戈里诸人的作品，更已不在话下。他成年之后也读过史坦贝克的《愤怒的葡萄》、海明威的《战地钟声》和奥斯威的《向卡塔龙尼敬礼》，此外尚有本文作者自愧不知的书和沙自己"不胜枚举"的书。这种遍阅群书的习惯不可能与他想象力之展开及对西方之认识没有关系。然则《回忆录》内除开说及对马克思及列宁之著作不感兴趣之外，全未提及现代政治经济理论及历史书刊。此中也可看出苏联之文化封锁政策,以后更使沙倾向于 BBC 及美国之音的广播。

沙卡洛夫毕业之后参加兵工署的研究工作,1948 年奉调参加原核兵器之研究,兹后他被称为苏联热核炸弹之父。他书中对 1953 年的原爆及 1955 年的氢爆都有相当详细之记载。

固然他之参加上项工作与否不能由他自己作主,可是他当初也确是乐意参加。第一,原爆是理论物理学家之"乐园"。有了原爆则在极端的温度与压力之下物质之形态(state of matter)可以根据数学公式计算而得。反面言之决定热核反应之程度的方式自此也可以直率的提出。第二,当日沙本人也确为爱国心所驱使。他说:"我认为我是这新科学战争中的一个斗士。"原文以过去式写出。

《回忆录》里对斯大林有很刻切的批评。这位专制魔王,大规模的拘禁毒杀无辜,尚因他的恐怖政策及诸种罪行,以致饥饿而丧生的人口,据他粗率估计总数一千万,后来听说旁人估计六千万,沙才知道自己估计过少。因之他在 1966 年签名反对为斯大林平反。沙也自承过去的错误。1953 年斯大林逝世时他对各种公开的秘密已有所知,可是在他私人给他第一位妻子克拉娃(Klava)的信内仍称此人为"伟人",而怀想他的"人道观念"(humanity)。后来他回忆着当日自己有这样的思潮不禁"脸上发烧"。然则沙卡洛夫并没有完全放弃他的心头矛盾。在另一处他写出:"我坚信给纳粹德国战败是一个更大的灾害,超过我们自己的刽子手给我们的任何一切。"

人类的劣点即是贪婪自傲,这种损人利己的态度,东西皆然,因之以国家安全的名义去扩大自己的势力圈，更是彼此一样。至此沙卡洛夫提出："我们在苏联应当如何办？西方应当怎么办？如是的问题，不能以片言只语答复。我希望没有人会自称他有最后的答案。预言家总是不灵的。但是我们纵承认自己的缺点，仍旧需要不断地怀想此类问题，并且根据良心与想象力，给旁人忠告。最后则只有如我们祖父母一代所说的，让上帝作我们的裁判员。"以上两段都用现在式写出。

　　沙卡洛夫成为在西方人尽皆知的人物，始于1968年时。时值"布拉格之春"，亦即捷克人士展开了反共反苏的运动。沙写了一篇《对进步、和平共存，和知识界的自由之反省》的文字，初只供同道参阅，后来经过地下组织的传达，在荷兰发表。英译也经《纽约时报》于7月22日以三页刊出，又经美国各大学重印。当日苏联仍在勃列日涅夫和KGB所主持的铁幕之下，沙卡洛夫失去了他的官位、政府供给的住宅和公安许可证。1975年诺贝尔奖金给他和平奖金更被苏联政府视作一种挑衅，他公开反对苏联进军于阿富汗才被判放逐于高尔基。可是沙卡洛夫所提倡的各节，日后都成了戈尔巴乔夫所主持的开放（Perestroika）理论上之基础。他也经1986年底戈尔巴乔夫亲自电话解除他的放逐接他回莫斯科。只是他坚持激进的改革，也不能尽为戈尔巴乔夫承受。我们在电视上看到他的最后一个镜头乃是在全国苏维埃大会场中与戈尔巴乔夫的口头争执，而翌日即有他逝世的消息传来。

　　沙卡洛夫前妻克拉娃在1969年去世，《回忆录》里说及她对沙各种政治运动并不完全同意，只是也不出面阻挡。不久沙即邂逅了后妻露莎（Lusia，正式名Elenor Bonner），《回忆录》里称之为"美女"，她是犹太人也算是"行动分子",曾在法庭假造文件作证,骂不同意的为法西斯。她曾为沙在海外奔走,接见西方权要传递稿件。沙也受了她影响,支持犹太人脱离苏联的权利,替劫机犯求情。他的绝食,即是支持露莎在美国的儿子之未婚妻,使她离开苏联与未婚夫团聚。在这些方面之行动,沙卡洛夫也不尽为他的国人所谅解,也有人认为这些行动将私事与公众运动混淆一起,另一个反对派作家索尔仁尼琴即对他有率直的批评。

沙卡洛夫以前也和索尔仁尼琴一样,认为中国是侵略者和扩张主义者,在《回忆录》里提出,他已不作如是想,因为中国只有一种原始型的经济,内顾不暇,几十年内无此能力。

1990 年 12 月 3 日《中国时报》人间副刊

萨达姆

自从8月2日早上在伦敦旅馆的餐厅里听到伊拉克攻占科威特后,至今二十多天没有一天报纸上不用萨达姆(Saddam Hussein)做头号标题。这位五十三岁的民族主义者和社会主义者,以政变起家,为伊拉克的终身总统。他能够在一千七百万人口的伊拉克维持一百万的常备军,又拥有五千五百辆战车和五百多架军用飞机,已可见得他军事统治的彻底。事实上,他也倚赖着特务政治做他震撼世界的本钱。

在西方的报纸杂志里,萨达姆是各种口诛笔伐的对象。他曾被称为疯狂、残忍和冷血。他在某种场合之下可以将昔日之战友集体处死。伊拉克境内的卡兹(Kurds)部落叛变,他下令使用毒气,受害者及于无辜之妇孺。他发动对伊朗的战事,牺牲了十二万人,费时八年,所得至为有限。现在他以十二小时急行军的姿态取得科威特。后者地域虽小,不到七千平方英里,略等于中国两三个县的面积。可是自是萨达姆掌握着世界上石油储藏量的百分之二十。逻辑上和形势上他将再觊觎沙特阿拉伯。倘使沙国也入他彀中,则他所控制的石油量将达世界上储量的百分之四十五。有些作家比拟他为希特勒。看样子他有在中东造成另一个超级强国的姿态。更为可虑的则是他除了拥有化学武器之外,不失也可能有核战争的能力。他过去所经营的核产场经以色列于1981年炸毁，可是现在的情报显示五六年间他可能拥有核武器。

由美国领导的制裁，立时得到其他国家的支持，英、法、西、比、荷、意、西德、加、澳派海军船只参加封锁。阿拉伯联盟里的国家决定派兵保卫沙特阿拉伯；其他回教国家如巴基斯坦和孟加拉也准备进兵。日本则承应供给军费。对伊拉克的封锁和使用武力执行的决议也顺利地于联合国的安全理事会通过，苏联和中国大陆也无异议地投赞成票。这样超过人种、宗教和东西意识形态的联合行动为历来所未有。以萨达姆一人胆敢与天下为敌也可谓打破以前纪录。看样子这波斯湾的危机将会旷日持久；但即使于明日解决，其事态的非常性和严重性仍然值得考虑。

萨达姆之不度德、不量力已经毫无疑问。所以在各国的反应之下，他即扣押了他们留在伊科两国的侨民作为人质（发稿时获悉他已让妇孺离境）。发言人向干预各国恫吓如果任何人敢向伊拉克进兵，他的手臂就会从肩部以下被砍剁下来，萨达姆本人则向中东各国的阿拉伯人呼吁参加"神圣的战争"。他并且向已停战而待开和议的伊朗建议，愿意让步，甚至放弃八年战争所得的伊朗土地，不厌旧恶而同以回教国家的立场对付外界的干预。

萨达姆之作为在今日以电子工具及人造卫星传递消息的情形下，不时即已传遍全世界每一角落。我们在伦敦旅馆里去他手下进占科威特后不过数小时，餐厅里听到邻座的谈话就无一不涉及中东之危机。我们离开美国只二十天，去时汽油每加仑才一元零五分，回时已一元三角二分。纽约证券市场的指数也已下跌近四百点。连日电视新闻看到很多预备役的官兵应征报到于役沙特阿拉伯的情形。新闻记者访问民众时,一般的反应表示对未来经济不景气心存戒心,公认要束紧裤带节省消费。

可是这危机的酿成不始自8月2日。今日仍然只有很少数的人考究到它的背景。

在攻占科威特之前,伊拉克已和科国发生争执,主要原因由于石油之价格。它们都属于"石油输出国家组织"(OPEC)。伊拉克是组织中的强硬派,主张各国严格地遵守组织所指定的限额,提高石油的价钱。科威特及阿拉伯联合酋长国(United Arab Emirates)则利于低价倾销,两国常在组织指定限额之外加量生产。伊科交邻,在疆界上也有争执。伊拉克并且指出科威特钻井出油时,在地下盗出伊国油源。此外伊拉克几乎完全是一个大陆国家,无海岸线可言,早已垂涎于科国之海岸线。远在1961年科国离英独立时伊拉克即准备吞并之。只因英国阻止,随后又使科威特加入联合国才作罢。

如果要了解萨达姆之甘冒天下的大不韪,我们更要将历史的基点后推。

伊拉克因为它的战略地位,一见20世纪,始终为西方各国角逐之场所。迄至第一次世界大战时伊国属于土耳其人的奥斯曼帝国,土耳其与德国加盟,并且筹备建筑所谓"三B铁路"(Berlin-Byzantine-Baghdad)。英国即出兵攻占伊国。1920年英人一手制造了一个伊国国王让他宣布独立,实际仍在幕后操纵。而且1920至1930年间石油开始开采问世，利润之所在更不能放松。第二次大战时反英之伊拉克人士与德意接触，曾一度夺取政权，但被英军削平，事平之后伊拉克并向轴心国家宣战。1955年巴格达公约（Baghdad Pact）成立，伊拉克为签字国，以英国为盟主。三年之后伊拉克革命成功，国王被杀，民国成立。可是政治始终不稳。每三年五年总有一次政变。外交政策亦左右反复，曾与英国绝交，曾防俄反共，也曾承认共产党合法，并与苏联订立友好条约。北部之卡兹民族占伊拉克人口百分之十九，则要求独立，经常引起武装冲突。萨达姆可谓伊拉克之数一强人，虽亲苏而能保持外交之主动。他因着1968年的政变而登场，但是只有最近十一年才公开占有领导地位。在回教徒中他属于宋尼（Sunni）宗，在伊斯兰中算是正规派，也占大多数。但是在伊拉克境内多数则属史埃特（Shiite）宗，后者受有波斯之影响。看样子萨达姆之宗教性格并不浓厚，虽说最近美军进驻沙乌地，他以"保护圣地"向一般回教徒作号召。所当注意则是萨达姆年轻时加入巴兹党（The Baath Party），这党派的政策一方面强调阿拉伯民族主义，一方面提倡社会主义。迄今仍是这执政党的宗旨。

纵有特务政治钳制舆论，他萨达姆也不可能凭一人之力将全国的命运作孤注一掷。他胆敢如此乃是由于多数伊拉克人相信他的企划，并且憧憬于一个强大的阿拉伯国家。据西方记者访问萨达姆下面的军官所得，他们一般有此信仰。我还记得1950年间我在密歇根就学及工作时，遇到的伊拉克同学及同事，可算是千篇一律的武力主义者及国家主义者，对以色列深恨，对美国憎爱不能定决。当时我尚不了解。

现在看来，这样的态度与伊拉克之历史不可分离也。尚与这态度有关的，则是迟至1972年伊拉克才宣布石油国有。以前如此重要的企业由外人掌握，年轻人做事就业动辄掣肘，经常引憾不难想象也。

曾有人问萨达姆之外长何以伊国如此粗蛮，他即说："时间不够。"最近之电视节目有演放萨达姆接见西方学龄儿童之为人质者，他曾提出英国退出中东时，凭己意指定彼为一个国家，此为一个国家；在他看来所有的阿拉伯人，只是一个民族国家。所说带种族主义成分，可是并非没有理由。在他看来阿拉伯人口分置在约二十个大小国家，有些纯依旧日之部落组织，有些缺乏资源，有些富于石油却只供王公大人任意挥霍，并与西方国家打交道，应予以改组，即用武亦所不惜，这种着想原则上不能称为疯狂。所以女作家安密尔（Barbara Amiel）在《伦敦泰晤士报》写出："很多阿拉伯的领袖及一般人民认为阿拉伯乃是一个民族国家，石油理论上归全国所有，（但事实上）极少数人物坐拥此资源。这种观点正确与否不论，其结果则是谁能将石油的利润作较广泛的分配即是他们的朋友，而且可以得到广泛的阿拉伯支持。"

事虽如此，一个联合国的国家，入籍近三十年，也早经伊拉克承认，只因为过去奥斯曼帝国在治理上曾一度将它隶属于今日之伊国，或者只因为与萨达姆的政治哲学不对头，即可以用武力否定它的存在，那又还要联合国何用？又何必牵扯上集体安全？今日已有少数的美国人认为布什之进军于沙特阿拉伯乃是"以打仗保证价廉的汽油"。可是原油的使用及于世界上大多数人口的衣食住行，也是很多工业先进的国家及待开发国家的经济血脉，影响到百万千万人的就业与失业和全球国际贸易之盛衰。其供应与一般的私人财产不同，目下之事实更不能认作完全是伊拉克"领导父亲"和科威特的"埃米尔"（emir）个人间之恩怨。

安密尔谓阿拉伯人为数二亿，要是团结起来可以成为一种可怕的力量，很容易产生误解。如果说这是一种精神上的团结，无可阻挡，并且现在已有这样的趋向。如果西方国家与萨达姆的战端一开，一般阿拉伯人民的向背，非常值得考虑，即参加保卫沙特阿拉伯的部队亦然。可是说要以武力统一今日阿拉伯联盟的国家，则要超过希特勒的野心，阿拉伯联盟里的二十一个国家〔内中巴勒斯坦解放组织（PLO）有名号而无国土〕，所占土地自中亚腹地跨红海连亘整个北非海岸而达大西洋，虽说都属回教国家（叙利亚和黎巴嫩即有很多的基督徒），又都属阿拉伯语言通行之地〔埃及以西之柏柏尔人（Berbers）中则只有识字阶级操阿拉伯语〕，可是每一地区已有不同历史之背景，而且社会经济条件也不相衔接。纵说其中有改组的可能，可是要将之结合为一片，则为一种过时代的理想。日前阿拉伯联盟在开罗集会时，即有十二个国家赞成派兵保卫沙特阿拉伯以拒止伊拉克的侵略。即过去埃及和叙利亚组织阿拉伯联合共和国，也终至不欢而散。又巴兹党同在叙利亚和伊拉克抬头，而这两个国家迄今尚是死对头。

但是伊拉克以石油的收入在国家上头造成一种大权威，由外输入百分之六十至七十之食品，又低价分配于民众，即造成一种近乎全国皆兵的形貌，劳力不足则向埃及及巴基斯坦招募一百万劳工算数。其组成不能因下端严密构成的经济因素层层节制，结果只能采取寡头政治及人身政治。根据过去政局不稳的情形看来，非对内以特务监视、对外黩武，则团结堪虞。其情形有似汉武帝对卫青所说："一不出师征伐，天下不安。"这种问题超过萨达姆做事之漫无标准。

现在代表联合国行问罪之师的国家也有它们的弱点。萨达姆固然穷兵黩武，但是谁供给他的武器？伊拉克不产飞机不制战车，他大部的装备得自苏联。迄联合国制裁之日，苏联才声明终止军火的输送。以色列炸毁之核厂则得自法国。贩卖军火于伊拉克牵连了很多国家。美国至少已供给直升飞机。很多国家明则禁止对伊输出军火，实际开一只眼闭一只眼。大概伊拉克每年一百四十亿美元之军事预算引诱力过强，无法禁拒。（待开发的国家固然可以说在军备竞争的条件下，外销军火可以减轻一部分财政上的负担。先进国家既如是，穷困的国家不能不效法。此种说法成理与否不论，实际上则是武器更为泛滥之由来。）

今日世界乃是石油生产之世界。其消耗率按人口计，美国每年逾每人一千加仑（包括用于制造等用途）。如果照现在之消耗率继续下去，现有地下储量在美国、苏联及中国大陆部分统可以在十年至二十年间用罄。在波斯海湾各国或可支持九十年至百余年，中美、南美国家如墨西哥及委内瑞拉或可撑持八十年（也要靠已用罄国家之消耗率不加在这些国家头上）。可是资本主义国家之风尚，凡不能赚钱及利润小的事业统不能做，以致明知开发新能源为不可或免的出路，依旧支延马虎，所以一到中东政局紧张，立即手忙脚乱，更增加这地区的爆炸性。

在阿拉伯各国看来,美国一意袒护他们的宿仇以色列。而且今日美国人养尊处优,缺乏坚韧性。据战地记者的报道,刚派往沙特阿拉伯之士兵即以无冷气及啤酒为苦。我自己也已有了不能适应环境的毛病,可是回想年轻时于役印缅,当日所看到的美国官兵无此现象也。

我在学历史中保持的乐观,有在长时间远距离的基点上深信世界上不合理之事物经过一段折磨,终至于合理。不平衡的事物,则趋向平衡。但是当中的运转很少人能于事前逆睹。总而言之,今日世界上至大之纠纷,由于科技进展过速,先进国家已经过几十年几百年的培植,各种机构重重相因和科技的发展相始终,落后的国家想要迎头赶上愈不容易,因之不顾程序,只抓着力所能及的因素,有时做起事来没有分寸。萨达姆可以与希特勒相比,可是因此我也可以联想到慈禧太后之对所有国家一体宣战并对使领威胁。从这立场看来,技术问题之因素超过道德问题。目前这危机包括无限的变数,它们时间上之汇合(timing)愈非任何人可以掌握,所以此绝非单纯之军事问题,也不能有直接而完美的解决方案。

1990 年 9 月 10 日《中时晚报》时代副刊

克伦威尔

英国历史中最容易引起争执的人物无过于克伦威尔。当代研究克伦威尔的专家以艾诗立（Maurice Ashley）博士为首屈一指。他写克伦威尔的传记，就出了两本。第一部出于1937年，题为《克伦威尔——保守的独裁者》。内中对克无一句好话可说。二十年后艾博士又刊行新书，书名则为《克伦威尔的伟大》。不仅前书所叙专横独断见识陈旧的篡位人成了后书中的民族英雄，而且著者也自承过去有眼不识泰山，以致本末颠倒。又在"引用书目"之中将自己旧著提出，称之为反对派的意见。

原来17世纪的英国处在一种前后两端不相衔接的环境里，由于内外交通发达，国际接触频繁，人口增加，政府的功能与职责和以前的不同。要增强军备则需要向全民征税，要维系人心则需要着重教堂的威权。国王查理第一本人信教虔诚，也有为民造福之宏愿，只是在企图扩大职权时，和议会派人士格不相入，又引用大主教劳德（William Laud）对清净教徒横加迫害。他又多年不召开议会，独断专行。后来苏格兰和爱尔兰两处造反，国王准备派兵削平，才召开议会。可是议员刚一集会，先不替国王筹饷，倒又提出各项要求，更要撤销主教，并且把军事指挥权划归本身掌握。于是1642年国王出走，内战展开。查理的保皇党称为骑士党（Cavaliers）。议会派的军人则称为圆头党

(Roundheads)。双方血战四年。结果议会派大获全胜,国王于1646年被俘。

克伦威尔是圆头党的领导人物。他首先为议员,由议会授予上尉官衔,招募骑兵连,后来部队扩充,克也以军功升上校,而升中将,掌握全部骑兵,所有重要的战役,无不有他参加,他的部队称为"铁军"(Ironsides)。内战结束时,他已是当日英国惟一的军政首脑,其威望远在总司令菲法克斯(Sir Thomas Fairfax)之上。

查理第一虽为阶下囚,克伦威尔仍希望以他为名义上之君主,而以议会掌握实权。他谒见查理时,曾以臣下之礼节吻国王之手,国王也允称来日封克为伯爵。

但是此时议会之多数议员在宗教上属长老会,也算是卡尔文派,他们虽没有国王所掌握之英格兰教堂的禁锢性,却仍有统领全国的教堂组织与教规。克伦威尔和他军中将士则多属独立派,有似今日之公理会,只有各地的教堂,而无上层之束缚,在信教的立场上更进一步。这种宗派上之参差,也在意识形态之中,代表着社会阶层之出入,随着又影响到政治思想之取舍。只是一切都在微妙之中,即当事人亦难能划出泾渭分明的界线,因此其纠葛更不容易廓清。

议会提议裁军,又准备将全部军队遣赴爱尔兰,却又不筹发欠饷。军队则被左翼政治思想迷惑,将士更对当前政治提出主张,也有叛变的可能。被囚禁的国王看穿当中的矛盾,希望坐收渔利,又与苏格兰人密约,也一度企图脱逃。王后原为法国人,此时也在欧洲大陆买马招兵。在这种种情形之下,乃有第二次内战之爆发。虽然国王仍被看管，勤王派已渗入了苏格兰人士及长老会的信徒。只是他们队伍参差不齐，尚未集结完毕，即被克伦威尔迅速地各个击破。第二次内战在1648年半年之内解决。

战后克伦威尔组织特别法庭，以"叛国罪"的名义判查理第一死刑，于1649年1月执行，至此宣扬了国家最高主权人为全国人民的原则。菲法克斯不同意这种作法而离职，克伦威尔更成为了有一无二的强人。

可是以前查理第一不能掌握全国，至此克伦威尔也不能掌握全国。他最初尚想片面保持原有的议院，只派兵把守议院的大门，不许一百四十多个属于长老会的议员入内，余下议员约九十人，以后逐步减少至五六十人，时人称之为"臀部议会"。然则即臀部议会也不合作，由克伦威尔亲自率兵入院解散。由他另自召开的议会凡反对派都不敢参与，也等于提名指派。到头仍是与政府负责人为难。克伦威尔最后的五年，称"护国公"（Lord Protector），协助他的机构为"国务委员会"（Council of State），委员四十一人，全系他的亲信。全国分为十一个军管区，各有少将一人督管。他于1658年去世，遗命以儿子黎察为下一任护国公。此人未建军功，也无政治魄力，而人心望治。查理第一之长子查理第二流亡海外，至此宣布除以前参与筹划弑君的人物不赦之外，其他概不追究。于是军中将领拥护查理第二于1660年复辟，英国为民国者只此一次，共十一年。

复辟之后，克伦威尔之尸体被剖棺揪出，与其他尸体二具悬吊示众六小时后又将首级割下。尸体就地草率地掩埋，头颅仍签在有铁尖之长木之上。以后不知如何此头颅流入私人手中,也曾多次被当作古董买卖。迟至 1960 年才由剑桥大学苏遂丝学院(Sidney Sussex College)收得,今日埋葬在该书院教堂之旁,因 1616 年至 1617 年克伦威尔为书院之学生也。

所以克伦威尔无从"盖棺论定"似有历史渊源。不仅历史家前后二十年对他的观点可能改变,有如艾诗立博士者,即我们稍不留心,亦可以在一篇文字内,混淆两种不同的看法。从近距离的观点看来,我们很难对克同情,更用不着说发生好感。他自称因宗教自由发难,可是他掌权之日,虽保障教友会及犹太人之信教自由,其恩泽不及于天主教及英格兰教堂的信徒。当日激进分子之平均主义者(Levellers)要求自由,他曾很轻蔑地说:"他们有呼吸的自由。"他的军士将平均主义者的传单摆在军帽之上,他命令取下,并且当场枪毙不应命的军士一人。他也曾说:"这里需要一个贵族(nobleman)一个士绅(gentleman)一个小自耕农(yeoman)和一个庄稼人(husbandman)。此乃事理之当然。"

克伦威尔之民国,对内对外用兵几乎无日无之。在内战时纳斯比(Naseby)一役,他的部下即曾杀俘。他的进兵于爱尔兰,更是残酷少恩。他曾向与英国同为新教的荷兰宣战,也曾与信奉天主教的法国结盟,而向另一个天主教的国家西班牙宣战。

克为护国公时,自奉并不菲薄,而极奢华。他除了传位于子之外,几个女儿也与他的将领联姻,声望显赫。他部下也有好几位将领则因内战起家成为大地主。

此人既已身败名裂，照理应为英国人唾弃。可是1899年为克伦威尔三百年生辰，英国议员发起为克伦威尔铸铜像，今日此像尚卓立而面向议会广场，较若干国王之铜像更为雄伟。20世纪的作家赞扬他伟大的更不仅只艾诗立，有如贵族女作家法塞尔（Antonia Fraser）1973年所作克传也是畅销书，即在结论里写出："他的伟大，无法否定。大凡了解他的人，是友是敌，不会打算褫夺他这品质。"

其所谓伟大，乃是应付当日艰难局面不顾局部矛盾之气魄。这也只能从长远的历史中看出。英国当日从一个中世纪的组织蜕变而为一个现代国家，不仅政府的功能与职责未备，即社会的基层组织亦未改组就绪。因之才产生了一个多数人"既不能令又不受命"的局面。克伦威尔并没有解决当日的问题，他只重新创造了一个高层机构，推翻了斯图亚特王朝所提倡的王权神授说，而使整个组织改变方向。1660年的复辟，表面上一切复原，而实际上查理第一与查理第二所戴王冠业已变质。以后还要经过几次的改变，最重要的乃是1689年的光荣革命，才巩固了议会至上，民主制度能在王冠之下繁荣的趋向。克伦威尔不能在17世纪推行今日之自由平等，看样子他也无意作飞越3世纪的改革。可是倒因为他胆敢向历史前猛进一步，今日之政教分离、普及性的民权和自由平等才能进一步逼一步，在事实上成为可能。历史家称扬他的伟大，只此而已。这当然不是说他所作所为完全功德无亏，而更不是一切都应当为今人效法。

1990年12月22日《中国时报》人间副刊

霍布斯

什么是理性？这是一个非常广泛的观念，等于民主与自由。如此抽象之名辞，其本身没有固定的内涵，因之也人言人殊。首先我们就从没有听到任何人说及"我们做事全部以非理性与反自由为宗旨。"反面说来，也可见得用这种笼统的大名目作标榜，必牵涉到很多目的与动机全不相容而又各以己见为最后之真理的人物。次之以一个空泛的观念作大规模群众运动之宗旨，可能将理想主义带到最极端。法国大革命即出于这样的立场。当启蒙运动（Enlightenment）达到最高潮时，当日有识之士也认为过去之作为全属错误，如此有权力之人，即可以将社会后面之背景全部忽略不计，历史也可以摈弃不要。重新创造时一切以理智为依归，这样以无限制的抽象观念为主只有越来越极端，终酿至大革命时之恐怖，使断头台上流血不止。

今日中国一般人士尚未完全了解的，西方之个人主义与自由主义不以人性之善为基础，而以犹太教、基督教之性恶论为基础。于是承认个人"最初的基本之过失"（original sin 或作"原罪"）作出发点。因为人类最基本之天性即为"自存"（selfpreservation）。如果要让这天性尽量的发展下去，可以做出无限损人利己之事。在组织民主与自由之政体时，其第一步工作即是限制各个人自存的企望之过度发展，而不是鼓励各人自行其是。英国17世纪政治理论家霍布斯（Thomas Hobbes）在这点发挥得最为剀切。他所著书《海中怪兽》（Leviathan）至今犹为美国不少大学必读书之一。在今日知识分子仍在举棋不定之际，笔者认为有提出综合介绍之必要。

霍布斯生于1588年，亦即是西班牙舰队全部出动征英，出师不利大部漂没的年头。他在牛津上学又值英国在17世纪需要现代化，因之在社会上发生剧烈颠簸的日子。也直到最近我们才可以看出：其幕后原因乃是经济发达，科技进步，国际间交往冲突频繁，英国过去的体制已不符需要。此时在筹谋军备，增加税收，策动外交和整备司法各方面讲，政府都有扩大职权之必要，只是当日情况突然，无成例可沿。如果由国王主持，则必成专制政体；如由议会主持，按理也可推行而为今日之民主形式。只是民主则必由政党政治作主。然则政党代表社会各阶层不同之利益，又需要民智展开，私人则产权确定，一切具体化全部可以在数目字上磋商等等预备工作。在英国说，迄至17世纪中期此种条件尚无着落。所以内战展开两次。1649年初克伦威尔当权，将国王查理第一处死，其子查理第二流亡海外。克伦威尔虽然大权独掌，也仍摆布不出来一个民主体制，只因为他有钱有兵，在特殊情形下做了一个事不由己的独裁者。他于1658年去世，查理第二于1660年被邀复辟。

霍布斯也多年在大陆游历，结识了不少各国的科学家。他因人介绍，成为查理第二之私人数学教师。《海中怪兽》于1651年在伦敦出版，仍是克伦威尔当权之日。书中所述海中怪兽，无非一个有全能性的政府，也可以解释而为国家最高主权人，他有权确定私人财产权利，他也能给全国人民生命财产作保障。人民服从他，无非他有此能力。虽说他明白写出海中怪兽为"虚构之人"，其为单独一人或多数人无关宏旨。只是此书问世，查理第二流亡政府内人物全认为他替克伦威尔张目，他只好又逃回英国。

霍布斯是一个独立的思想家，他书中对国王派及议会派都不同意，而尤以他的无神论得罪当日保守派的人士愈多。查理第二复辟之后，他在英国的地位又将不保。传说他一日在伦敦街头，遇见国王，查理向他脱帽为礼，他因此出入宫廷还每年得津贴一百镑。他也仍不断地受人攻击，可是"快乐国王"始终不以他的数学教师为忤，也一直在袒护他，有时还劝他莫作犯众怒的言论。只是此人江山易改本性难移。他活到九十一岁，临死前几个月内又著一部关于英国内战的书籍，又对交战两方都有批评。

霍布斯所著书虽多，其他多不流传，而只有《海中怪兽》最脍炙人口。作者从人之生理和心理说起。自感觉、想象、判断讲到激情；又从思想、决心、权力、举止讲到宗教。骤看起来这与中国政治哲学家所标榜的"格物、致知、诚意、正心、修身、齐家、治国、平天下"的层次相近。可是《大学》里面劈头开始就揭扬了一个"古之欲明明德于天下者"的大帽子，其所叙之人为"伦理之人"。霍布斯所叙则为"生理之人"。他说："一件物品运转于人之耳目，产生形态。如果运转是多方的即产生多方的形态。"又说："好坏出于人之爱憎，相对的使用于此等字样之人，并没有它们本身之绝对性。"如此看来，人类的感觉情绪和思潮都产生于物体之转移位置（displacement of bodies relative to one another）这样的观点把个人主义、自由主义和唯物主义发展到极端。也就说政治基于心理，心理基于物理，物理基于几何。

他又用物理学上"动者恒动静者恒静"的原理解释人类一有欲望，就会继续发展下去永无止境，其内在之原因，也仍是"自存"。他说："在我看来人类有一种共同的趋向，他们总在无止境而不休歇地追求权力，至死方休。这也不仅是在现况之外，一定要找到更高度的愉快，或是中庸之度的权力必不能满足。而是一个人除非抓扯着更多，他不能相信，现有丰衣足食的条件与能力，已确切在自己掌握之中。"

也因为如此，初民已经常处于一种危险状态之中。因为人类大体上都有同等的力量，即使某人身材小，体力纵不如人，他也会用计谋。既然人类都有同等或相似的力量，势必追求相同相似之事物，又都不知适可而止，只有互相竞争，大作猜忌，有时更引起虚荣作祟。他们首先打算侵犯旁人，使用暴力，使自己成为旁人之主宰，驱使旁人人身妻子儿女与牲畜，次之又要保障其既得，更次之还要防卫自己之声名，因之一言不合，一笑之不当，一句轻蔑的话冒犯了他们的亲戚朋友，违犯了他们的自尊心都可以造成死对头。写到这里，霍布斯仍不承认他笔下之人为坏人，所做之事为坏事。他只轻描淡写地道出："如此以统治权驾凌于人的办法，既为人之继续生存之必要，那也只好任之听之。"

可是其不妙则是这侵略性之后果，不久必临在侵略者本人头上。"因此人类发现与旁人交结毫无好处，而只有无端苦恼，因为没有权力可以使所有的人全部驯服畏惧。"

这种想象之中的无政府状态,"所有的人和所有的人作战"。这也谈不上公平与不公平,因为这在初民状态里公众的权力还没有产生,既无政府,则无法律,既无法治,就谈不上公平。在作战的情形下,也只有力量与欺诈才能算数。其结果则是:"在此条件之下无从产生工业,因为其成果无保障,于是世界上也没有文化,也没有海上交通,也无水运货品,更没有宽敞的建筑物,因为凡此事物都需要大规模的武力支持。因此也无从产生关于地球上之知识,没有计时的才能,无美术,无文学,无社会。而最可怕的则是无边际的恐惧,和暴力死亡下的危险,人类的生命只有孤独,穷困,卑劣,粗暴而又短暂。"

直到这样的境界,人类才发现有组织国家与政府之必要。这组织出于一种国民公约。原来每个人都有侵犯旁人之权力,只要力之能及,尽管无法无天。现在他放弃这权力,只要旁人也放弃此权力。所谓国家由此产生。国家最高主权属于一人和一群人,此即"海中怪兽"、"虚构之人"。他或他们不为国民公约之签字人,而为其执行人。

表面看来这书中有无数荒唐矛盾之处。这一方面也仍由于霍布斯之古怪性格。另一方面则是由于当日英国尚在风雨飘摇之际,原来是权力与经济的冲突,被双方解释为宗教信仰道德诸问题,是以具体争端更是神乎其神的抽象化。霍布斯索性从人类的坏性格写起,放弃各项伪装,反能使一切具体化现实化。我们仔细读来,则发现其非完全凭空创造,在西方的传统里《海中怪兽》所表彰的约束能力有似于"摩西十诫"的形影。我他从未在任何读物里看到有人说及霍布斯为最后之真理,可是他给以后之功利主义派之自由主义(utilitarian liberalism）有极大之影响，也影响到西方很多国家之宪法（constitutional law）及刑法。在很多章节里《海中怪兽》好像有否定历史的趋势，可是作者仍说出英国私人财产权在威廉第一于1066年征服英国时确定，可见他仍尊重历史之仲裁。

我不主张中国全部模仿西方，尤其不主张在西方支持之下模仿西方。只是一向醉心于西方之人士务必对西方更有深切之了解，霍布斯之《海中怪兽》也是增进了解门径之一。

1991年5月25日《中国时报》人间副刊

崔 浩

自从公元220年东汉政权瓦解之后，中国进入历史上的"魏晋南北朝"。北方既有"五胡十六国"的扰攘；而南方宋齐梁陈之间的嬗替，也是小朝廷，短时代。迄至隋文帝于公元589年灭陈而重新统一中国，当中有三个半世纪以上的分裂局面。内中北魏拓跋氏，胡人汉化，初都平城，即今日山西之大同，继又重建洛阳，统一了华北，虽说以后又因内部分裂，成为北齐和北周，至此已替隋朝打下了统一的基础。隋文帝以北周皇帝之岳父的身份先灭北齐，继篡北周皇位，才席卷江南，而且以后隋唐大帝国的行政工具有如均田制、府兵制、三长制、租庸调法都已在北魏时代树立了根底。亦即是一个大帝国的低层机构已在少数民族入主中原时规模初具。

拓跋民族属于鲜卑系，发源于中国的东北部，其为游牧民族，无文字，部落之间亦无私人财产。直到公元310年他们受晋朝的并州刺史刘琨乞援，才开始投入中国内部的战事，又直到399年拓跋珪在平城称帝，才创造了一些新政权的高层机构。崔浩的父亲崔玄伯被拓跋珪所执，初任为黄门侍郎，以后参与军国机要，草创制度，官至吏部尚书，封白马侯。

崔浩是崔玄伯的长子，袭爵，他在拓跋珪的治下已任给事秘书等职，只是声名未著，到第二个皇帝拓跋嗣登极，他才以御前顾问的身份参与重要的决策。他在战略上的主张,为一贯的南守北攻。公元5世纪初北魏已拥有今日之山西,又已进驻今日之河北、山东、河南之各一部,并及于辽宁,也算是北方之一雄。419年偏安江左的东晋以刘裕为大都督,率兵西北上攻略今在陕西羌族之后秦。拓跋嗣的朝臣都以为对刘裕不可放松,应当先发制之。崔浩单独主张不加干预。他估计刘裕必胜,后秦必亡,但是南人也无法久驻陕西一带,况且刘裕胜后也必回师篡晋皇位,不如从旁监视,秦地"终必为我有"。后来全部的发展都如他预料。刘裕灭晋后为宋主,此即宋齐梁陈之宋。整个的西北则为北魏囊括,更长期展开南北对峙的局面。

崔浩主张对北方的游牧民族予以歼灭战的方式解决。第三个皇帝拓跋焘曾用他的计谋攻蠕蠕,俘获其大量的牲畜人口,进兵西北灭夏,以其人口充实京师,又派中土豪强的户口去充实西北。每一战胜拓跋焘就在俘虏面前执崔浩手,夸示此人为他的智囊:"汝曹视此人,尪纤懦弱,手不能弯弓持矛,其胸中所怀乃逾于甲兵。"不过拓跋焘的南下掠地,崔浩也不能全部谏劝阻止。

崔浩在北魏的另一计谋,为以有普及性的道教,今日西方学者谓之为"新道教"(Neo-Taoism)者去排斥佛教。浩不喜读老庄书,因为纯哲学性的著作,与他的施政不相关,倒奉张道陵为天师。尊拓跋焘为"北方太平真君",改年号为"太平真君"。拓跋焘也曾颁发"宣告征镇,诸有佛像胡书,皆击破焚烧,沙门无少长悉坑之"的残酷法令。

最后魏主于公元450年杀崔浩,其死事也惨极人寰。浩被任为司徒，有等于当今之文化部长和教育部长，奉派"修国史"，也就是将拓跋政权的经历"务从实录"。只是鲜卑民族至此距其蛮荒的形态未远，我们看到《魏书》里面子弑父、兄杀弟的情节多起，杀降人则动辄五千，其他不堪传颂的事必多。崔浩的国史内容如何不得而知。只是他以中国传统作史的态度"彰直笔"，又刻成碑文与五经一同留于天郊"方百三十步，用功三百万乃讫"。也就是方形碑林每边六百五十尺，列在国都附近，约以一万人做工经营三百天完工。结果"北人无不忿恚"，亦即拓跋民族识汉字的看到都极端愤怒。由于皇帝的命令将崔浩摆在槛车之中"使卫士数十人溲其上，呼声嗷嗷，闻于行路"。这样还不算，"清河崔氏无远近、范阳卢氏、太原郭氏、河东柳氏皆浩之姻亲，尽夷其族"。

至此，我们如何解释崔浩的一生？说他是好人还是坏人？《魏书》在他传记结尾处提出，"岂鸟尽弓藏，民恶其上？将器盈必概，阴害贻祸？"也仍是希望以道德观念盖棺论定，钱穆的《国史大纲》则称"大抵如王猛崔浩之伦皆欲在北方异姓主下而展其抱负者。浩则树敌已多，得罪不专为修史者也"。

崔浩的故事尚可以在本人荣衰之外解释。中国的专制皇权建立在亿万军民之上，亦即皇帝不待中层之诸侯即可以向全民征兵抽税。东汉之灭亡，即因各达官要人豪宗巨姓私自设坞（碉堡等防御工事）结盟，皇室失去这样的力量。曹家之魏频年征讨，司马家之晋并且以宗室为王希望能统治这些基层机构里的分化力量，都没有达到这种目的。及至"五胡乱华"，各部落间的酋长更是新贵族，据《晋书》所说，更在华北构成胡汉合作的"堡壁"三千多所。

北魏的政策，先不直接去与这些有军阀性格的力量冲突，而是建造自己的新生力量。在军事上以大规模的包围方式囊括游牧民族的全部人马，牛羊即分散，其酋领及家属无少长处死，人民则计口授田强迫地改为新朝廷的农民。如果崔浩之父崔玄伯不是这政策的献计人，至少也参预谋划。他的传记出于《魏书》说及他建议攻胡，也在拓跋珪消灭匈奴刘卫辰部时出现（后单于曾降汉赐刘姓）。

这样的整备需要长久规划，不到本身力量充沛不问鼎中原。崔浩反对迁都于邺，也是基于这种着想。佛教最容易为异姓贵族把持，而方丈国师等也容易与清一色的官僚集团冲突，于是也要摈斥，而代之以普及性的道教，因为其阴阳修服养性各节，尚可以由儒士把持。崔浩自己也掌握着"天人之际"荧惑神降各种神秘色彩的工作，于是更以宗教的力量，巩固皇权。至于修史，更是中国传统的政治工具。再有则拓跋朝中也向华北各巨家大室"征贤"指名勒派为政府服务的办法。《魏书》就说及"辟召贤良，而州郡多逼遣之"，可见得名为征贤，实则逼迫参加，强为人质。是否出于崔浩之主意尚不得知，总之也与以上中央集权的政策相符。

崔浩的得罪诸人，而尤冒犯拓跋民族内的贵族可想而知。这些不是我们一般读史者亟于知道的细节。这也就是说我们用不着替崔浩诉不平或为之歌颂。只是因着他的故事，看清中国秦汉帝国崩溃之后重建隋唐帝国间之纵横曲折。如此不仅崔浩为历史衍进之工具，而整个拓跋朝廷也是历史衍进之工具。有了拓跋珪、拓跋焘、崔玄伯、崔浩诸人，则以后拓跋宏迁都洛阳，去胡服用汉语，以李冲为谋士，创造"周礼式"的间架性设计，更是一步逼一步，促成中国之再统一了。

1991 年 2 月 9 日《中国时报》人间副刊

母后伊莉莎白

这次到伦敦时值8月1日，天气奇热，据说8月1日气温九十度是最高的纪录，为以前英伦所无。当日中午伦敦塔桥开拆半小时，这消息见诸报章，却又没有说明原委。到傍晚时分，爆仗声音震耳。我们想不出8月1日有何奇特之处。夜中看电视新闻才知道今年八一乃当今英国王太后、本国人士称为"母后"（Queen Mother）伊莉莎白的九十寿辰（当今皇后也名伊莉莎白）。开放吊桥乃是让王室的游艇上溯泰晤士河。伊莉莎白母女与群众关系良好，今年华诞虽然没有做到普天同庆"大酺"三日或五日的地步，只是也成了头条新闻。报纸上一律刊载了这位九十岁老太太的玉照，看来御躬抖擞，依然行动自如。同时各种刊物也顺便重印第二次大战期间德机轰炸伦敦，在警报尚未解除时她陛下和国王乔治第六巡视灾区的旧影，以表彰当今王室与一般平民共休戚的旨意。这时候旅游者如插足英伦各处书店，可以看到母后伊莉莎白的传记三数种同时成为了畅销书，被陈列在书店里显著的地位。

可是畅销书之成为畅销书，全靠顾客作主，其内容不能与官方之宣传依样画葫芦。我虽说没有翻阅过这数部母后外纪，只是从《伦敦泰晤士报》的节录介绍，已大致窥见其内容。一般提到的乃是母后伊氏爱赛马，即御马厩里的马也不时进出于赛马场。在英国人来讲，这早已不是奇闻，即当今英后伊莉莎白也爱赛马，间常见诸新闻镜头。

本来英国人爱赌，是众所周知的事实。赌博之经营也是一种公开的企业。王子或公主诞生，臣下就预测其命名。当今王太子查理，王太孙威廉，其命名出于一般人预料之外，因此以此作赌而输赢者大有人在。足球赛之胜负成为赌博的对象，早已不在话下。而且气温也可以作赌。今年天气奇热，据说发赌票的希尔氏（William Hill）因之坐输十五万镑。群情如此，则王室的参加，已如孟子所云，"王如与百姓同之，于王何有"？不能径自指斥其为"流连荒亡"了。况且赛马又与武艺攸关，欧洲的王室，一向出于武士传统，与中国文绉绉的态度大不相同。17世纪的英王查理第二就爱赛马，曾自任骑师。所以至今英国王后之伴王驸马爱丁堡公爵和王储查理仍爱玩马球。查理甚至坠马折臂，公主安妮也在赛马时作骑师，这只算得与民同乐，也只会增进王室的群众关系。

大凡宫闱间总不时有风流韵事流传于外。现在畅销书里传出一段故事则是，本世纪初期，王太后尚是一位窈窕淑女的时候，曾以苏格兰贵族华裔的身份做客于英伦。首先注意到她的并非后来成为英王的乔治第六，而是他手下一名骑侍（equerry）斯图亚特（James Stuart）。他也是苏格兰的贵族，不仅年少翩翩，而且跳起舞来步伐轻捷，引起各界倾慕。他与伊小姐的交往也曾招致社交界注目。可是他听说主上对伊小姐有意，立即自动地退出圈外。乔治第六在家庭中名Albert，昵称Berrie，当时的约克公爵，为人多病，而且害羞成性，因之语言迟钝。要不是伊莉莎白予以青睐，其大婚之出处尚不可定夺，也必会影响到今日英国王室的世系。

而与伊莉莎白更有关系的一段交往,则为当日王储爱德华与辛普森夫人(Wallis Simpson)间的一段绯闻。爱德华本名大卫,是中外闻名的美男子,而且擅长于体育竞技。但不知如何将婚姻错过。有关人士百方设计的替他安排对象,而爱德华总是左右都不称意。大概年轻女郎家教过深不识风趣,或者承攀过度引起反感。因此王储年近四十,依然风采不逊于少年,成为世界上最高身价(most eligible)的未婚男子。可是他对妙龄女郎不感兴趣,对不少年齿稍高的已婚女人反又格外垂青,而且他们的交往又超过寻常的范围,不免引起议论,而议论得最露骨的乃是弟妇伊莉莎白。

迄至华丽丝·辛普森登场,以上的情形更急转直下。她为美国平民,已婚,又与和做下级军官的美国丈夫离婚,再嫁于在伦敦做证券交易的辛普森。据各种资料所叙,他们夫妇看清了爱德华的弱点,一意与皇储接近,但曾几何时,辛普森先生不再被提起,华丽丝及大卫倒反而俪影双双,出现于度假的公众场所。恰巧此时,1936 年英王乔治第五去世,爱德华嗣位,只待正式加冕。而当时华丽丝·辛普森在伊浦斯微支(Ipswich)法庭中进行离婚的程序,爱德华又要求政府将其大婚费用列入预算,于是掀起莫大的波澜,闹得全国鼎沸了。

正告国王如果坚持与辛普森夫人结婚,则必须退位者有首相鲍尔文(Stanley Baldwin)。但是鲍有王室的支持,而王室中最有力量的人物,则无过于约克公爵夫人伊莉莎白。王弟约克公爵也在紧急关头声明如果局面不可收拾,他自己愿意出头取而代之。这样坚决的态度不可能后面无公爵夫人的支持;是否出于伊莉莎白之怂恿,则无从考证。所以至今黄色新闻不说，即有声望的报纸亦强调两个女人都想做大英帝国之第一夫人，为以上纠葛的一大主因。最近《伦敦泰晤士报》即以 BEST OFENEMIES，亦即"敌对中之强手"作标题，追叙1936年间的往事，并且将当日伊莉莎白及华丽丝的情影摆在文字的上下两端，又在文中提起这两个女人不应当在同一星球之上存在，大有《三国演义》里周瑜痛恨诸葛亮所说"既生亮何生瑜"的情调。

爱德华退位之后与华丽丝结婚，称温莎公爵及夫人，但是封爵书内载明华丽丝非王室亲属。伊莉莎白及乔治加冕完成后，亦始终拒绝礼遇温莎夫人，是以爱德华终身流寓他邦。第二次大战爆发后，希特勒有意截留爱德华，看来也在希望将他家庭间的纠葛加以挑拨扩大，使他成为亲德人物的凭藉，但此计未酬，不过温莎公爵希望回国服务参加战时工作的愿望，也不能为英国王室接受。他除了一段短时间内以陆军少将的身份在法国为联络官外，即纵有好友丘吉尔为之周旋，亦只派得一个巴哈马群岛（Bahamas）的总督，有同流放。评议者仍认为伊莉莎白的幕后阻挠是其主因。

当今母后个性坚强，言辞率直，是众所周知的事实。她与华丽丝·辛普森之嫉不相容也言之成理。只是将1936年的往事，当日称为"宪法危机"者，全摆在两个女人的虚荣及妒嫉的份上，则未免过度简化历史了。

在彻底认识这问题之前，我们必先看清当今英国王室是世界上帝裔绵延最长久者之一，在它整个历史里也分划为若干朝代。可是这与中国朝代的赵宋和朱明彼此的不相属不同。通常英国后一朝代出于前一朝代的旁支侧裔,或系女婿及外甥入承大统,纵不如后汉之于前汉,亦必如隋之于唐,在亲属关系上仍是一脉相传。可是在宪法史上讲,现今王室约九百多年的过程中,已经久历沧桑,帝系尽管依旧,可是王位的性质与功能业已前后不同。当中最重要的变迁,无逾于17世纪的内战及光荣革命(Glorious Revolution)所带来的后果。

16世纪及17世纪是一个青黄不接的时代。简言之,工商业在社会上的比重加强,国际接触频仍,政府的功能和施政的范围需要扩大。马克思主义的历史家泛称这是封建时代衍变而为资本家时代。其实当中争执的重点,不在阶级斗争,而在扩大行政范围、加强军备、增进税收的过程中,问题上应由国王作主或议会作主。如依前者则为君主专制,如依后者则为民主。只是当时人不如我们能够看到历史的纵深,双方都依成例争执,而事实上他们所面临的问题,已经超过他们人身经验之外,于是才有内战。在国王及保皇党的立场来说,总还是希望假借于皇权神授说,于是加强教规甚至企图放弃宗教改革的成果,返回天主教的范围中去,以便增进管制。而议会派则有清净教徒的鼓励与支持。

内战后议会派得胜,克伦威尔当权,并且一度弑君成立民国,只是仍不能解决当日的问题,于是才有复辟的情事。而复辟后的国主查理第二及詹姆士第二,又有恢复天主教增强人身政治的趋向,于是才有光荣革命。威廉第三为荷兰人,但系英国国王的外甥,其妻又为英国公主,被邀率兵推翻詹姆士第二。是役兵不血刃,所以革命才称为光荣。可是至此名义上朝代依旧,国王实系经过选举而产生,时为

1689年。迄至1701年，英国议会更进一步竟预先通过法案，在王族之中指定王位嗣承的序次，而且对嗣位者的身份提出若干要求。一般教科书没有讲明者，至此国王实由议会废立。以后虽按血缘的序次嗣位，但已非绝对或当然。况且嗣位者又必限为英格兰教堂的成员，其子女的教育也有若干限制。所以国王与王后纵非国民的雇员，所谓王权神授说，也早已置诸脑后了。

国王有职无权，在18世纪更是趋向明显。最初被邀而为国王者实系德国人，不谙英语。次之政党政治抬头，内阁制成熟，国王更无参与政治的必要。乔治第三企图打破其限制，任内则有美国独立。自此之后，国王更只是一个橡皮图章。

在17世纪之前，外交事项统属国王特权。迄至20世纪，国王已听命于内阁吩咐。1911年，英王乔治第五访问欧洲大陆，当日英德对立的情势紧张，欧洲的王室则又因联姻的关系彼此都是亲戚，所以国王的公开谈话，事前概受外相格雷（Edward Grey）指示，事后又得向后者交代。至今历史书内仍说明了国王接受内阁的"训示"，回国后向内阁"报告"。如此，政治立场上讲国王与政府的主从关系，早已前后颠倒了。

如此要他国王及王后何用？一则维持近千年的传统，二则使内阁制有所交代。而且也准备在非常情况之下可能发生作用。但是一般说来，皇冠只有象征式的功能。国王王后以及王储公主等，除他们自有私产之外，也仍由政府核发薪水和津贴。他们主持各项典礼则由宫内职员核定，几乎无日无之。这样一来他们虽属帝裔，除了遗传也和一般公仆大致相似了。

　　那么一到紧要关头，由民选的政府不会忘记他们乃是真实的雇主。生在20世纪，各人择偶，当然是自己的事，虽父母无从干涉。国王有外遇也不算新闻。爱德华及乔治的祖父爱德华第七即以此著名。但是国王偏要牵扯出来一位分外的女人，又是外国人来做王后，尚可以因以后的子嗣影响到大统，则又另当别论了。而最可以担心的则是，这一婚姻也可以将以前几世纪以来的成例抹煞。1936年，鲍尔文并没有绝对的公意作后盾，也有人民愿意漂亮英俊的君主和他的有情人终成眷属，于是宪法危机更确切地存在。当日的母后玛琍，一向偏爱爱德华，她在乔治及伊莉莎白行加冕礼后，特别在媳妇亦即新王后面前行屈膝礼，表示天命已定，大统不容争辩。

　　伊莉莎白至今犹说乔治挺身而代兄做国王乃是一种"牺牲"，他自己也因此而短寿。实际上乔治登极后做了十六年国王，不能算是夭折。可是他不待劝进即自动出面，可见得其所表彰的不是名位问题，所谓危机实有其事。

　　所以无论伊莉莎白的动机如何，她帮助了20世纪的英国解决了一个大问题。她和女儿伊莉莎白的最大贡献乃是保持了王位的尊严。这有职无权的名位愈来愈与时代脱节。所谓传统也半含着抽象而不合实际的成分，因之愈难维持。怪不得今逢王太后九十华诞，眷恋往事的英国人要著书宣扬而且隆重的庆祝了。

1990年11月2日《中时晚报》时代副刊

白修德

白修德(Theodore H.White)曾被若干美国人称为"蒋委员长之敌"。他在1946年与贾可比夫人(Annalee Jacoby)合作的《雷霆后之中国》问世之后,又于1948年将《史迪威文件》编辑成书。两书都对蒋介石有极苛刻的批评。而蒋著《中国的命运》之英文版在美国发行,白又以书评者的地位对之攻击不遗余力。蒋书中缕述中国被帝国主义宰割的一段被白指责为"仇视西方";蒋讲到中华民族过去伟大的事迹,白不谅解其为鼓舞国人的自信,又斥其为提倡人种优秀说(racial superiority)。大概第二次大战之后美国人士已不耐烦中国战时成为西方民主国家之赘疣,而且杜鲁门反苏反共,却又不愿卷入中国内战之漩涡,正不能保持其政策逻辑上之前后一致,白修德及艾萨克(Harold Isaacs)一为《时代》杂志的中国特派员,一代表《新闻周刊》,同时鼓吹蒋委员长及国民政府为一种失去人民支持的政权,正符合白宫及国务院"不预闻政策"(hands off)理论上之凭藉,于是两人都名闻一时。而白修德的观察细腻,他的新闻采访,进入很多人视而不见的角度,言之有物,更引起读者的兴趣。他生平著书十多种,几乎无一种不为高度的畅销书,他的一生也受过美国新闻界和出版界无数的荣奖。

我还记得当《雷霆后之中国》畅销之日,我正在美国陆军参谋大学上学。此书关于中国军队一章,开始即提及欧洲第一次大战时德国的鲁登道夫将军观察奥军后提出的报告称,"我们与僵尸结盟"。再又说到"被抓入中国军队,即等于被判死刑"。我们年轻的军人,当日正撑挨过八年的抗战,只指望战后得到美国援助,在一二十年来建设一个富强康乐的中国。可是抗战胜利之日亦即是内战展开之时,苏联进出东北即将军械交付与共军,而美国对我们则责骂多于援助。白修德的书籍,更是临头一盆冷水,我们的反感可想而知。然则白所作实地的报道则又在耳闻之余,加着目见。美国同学问及书中内容是否可靠时,我只好说有时事实上全部存真的报道,可能得到一个完全相反的结论。《雷霆后之中国》说及中国军队没有传统,连军阶领章也模仿日本。殊不知中国目前最大的困难则为传统的力量过多过强过深,无法摆脱。可见得局部之正确,并非全书的正确。

白修德往中国之前,在哈佛大学攻读中国历史,可是他的观察仍不能包括历史上应有之纵深。然则我们对他所作书文之反应也只能表现当日之感情作用。又直到今日近乎半个世纪之后,我们才能在全部历史发展之过程中开始看出四五十年前各种发展之长久意义,此绝不可能为当日意料之所及也。

白氏之自传或回忆录称《我在追寻历史》(*In Search of History*)发行于1978年,内中述及他祖先系俄国之犹太人,父系姓托德罗斯(Todros),直到他的父亲移居美国,自称白大卫(David White),才脱离了做犹太教教士之传统。即白修德在哈佛大学念书时,仍属犹安山复国主义者(Zionist)中之活动分子。但是他的父亲又以社会主义者自居,对中国之革命抱有期望。如此之背景对白修德以后之出处深有影响。他之以道德观念解释政治,显然与宗教思想有关。他在1939年加入重庆国民政府之国际宣传处工作,即因为中国在"反抗法西斯",而他初时对蒋介石也极为仰慕。

《追寻历史》里面又说及作者之成为中国通,初时也出于一种意外之缘分。白修德原有意于西洋史,可是哈佛大学之阅览室既拥挤又冒水气,对面之哈佛燕京图书馆则空无一人。他起先则占便宜的往中国阅览室,次翻阅古装中国书籍,对汉文产生好奇心而视为一种挑战,终有志做中国历史教授。他在哈佛大学之教师为费正清(John K. Fairbank),显然的,他们师生关系良好。白修德惟一之儿子即以费氏之姓为当中的名字,最近费正清尚在一段书评里写出,他自己一生桃李虽多,其中最得意之门徒仍只有两人,女生为Mary Wright,男则白修德〔这书评里也说及玛丽终将所学传及于天分极高之史景迁(Jonathan Spence)〕,只是白氏以后发现他自己的才能在做新闻记者,而非大学教授之材料。

1938年白修德二十三岁,因为哈佛大学毕业时成绩优异而获得游历奖学金,得以周游世界。他由美而欧,又入巴勒斯坦,再逗留于上海,原拟经过香港转河内而乘滇越铁路至昆明,以参观抗战期间之中国。只因逗留香港时向国民政府之办事处接洽,时为1939年4月,去白氏二十四岁生日尚有数星期。恰巧此时重庆之国际宣传处张罗一位西方报人主持对外报章之文稿工作,白氏因前曾向《波士顿地球报》(Boston Globe)投稿,即以剪报出示作证明,立即被办事处代国际宣传处雇用。于是白修德放弃河内昆明一段行程,两天后乘夜班飞机往重庆下降于九龙坡机场。从此打开了白修德做新闻记者及作家之生涯，而国民政府之国际宣传处则业已雇得日后给它本身作对之最大能手。

《追寻历史》内述及1939年作者初莅中国大后方时，对抗战之精神至堪仰佩，只是除此一两句话外，并未叙及其详情。对当时日本空军于重庆之"疲劳轰炸"倒叙得相当详细。内中又提及周恩来饶有兴趣。周曾设筵招待白于重庆冠生园，席间偏陈猪肉，白修德仍因为正规之犹太教，不能下箸，周即谈笑风生地说起，"Teddy，这是中国，看，仔细再看，这像猪肉，但是在中国，这不是猪肉，这是鸭子。"白修德从当日起正式放弃教规，开戒吃肉。他也在书中写出，"我希望我的祖先原恕我"。1941年初国军解决新四军时，白修德怀疑其命令出自蒋介石，可是周恩来虽然极端愤怒，反向白解说，蒋委员长事前并不知情。可是蒋也别无他法，他必须平衡手下各派系。

白修德只在国民政府工作八个月。1939年年底，他即为《时代》杂志聘为特约记者。他往西北旅行一次，出入前线后，将当日决心写在回忆录里："我不能再相信蒋介石和他美国化的政府是一个真实的政府。他们不能控制事情之发生，我决心和他们脱离关系。"在另一段他又将他在国际宣传处的经验写下："实际上我被雇去左右美国舆论。美国对抗日之支持，是这政府生存的一线希望。操纵美国新闻界至为重要。所以用说谎和欺骗，用任何方法去传说美国，中美合作共同抵制日本乃是前途之希望。"

当日国民政府希望美国援助确系实情。可是尚没有料到竟有珍珠港事变之发生，而使美国直接参加战争，而使远东之战事及欧洲战事结成一体而构成历史上之第二次世界大战。凡是交战国一般的情态：对敌方仇恨，可是暗中佩服；对同盟国表面上共生死，实际倾轧。中国抗战后期，表现得无一是处，已经使很多美国人极不耐烦，而以后又有史迪威事件，而战后又有马歇尔调停国共冲突之失败。杜鲁门也在他的回忆录《考验与希望的年份》(Years of Trial and Hope) 里写出如果要美国再进一步的干预中国情事，则"这种意见还未提出已为美国人所否决"。所以白修德第一部杰作出世，被选为每月书社之首选，销行四十五万册不为无因也。

可是这不是批评白修德之不诚，我与白无一面之缘，倒有共同的友识，知道他立场之诚恳。他的回忆虽非忏悔录，可是他也曾将自己大小犯规之事，甚至虚伪之用心全部托出。至于揭穿黑幕 (exposé) 更是美国新闻从业员一脉相承的基本工作。其带着理想主义，起先对中国期望过深过速，以后失望之后反应过激，也非白氏特色。《新闻周刊》之艾萨克，前已提及。而在他们之前于20年代来华之盛安 (Vincent Sheean) 著有《自我历史》(Personal History) 对武汉左翼政府特别同情，更是他们两人之前辈。

白修德指摘中国国际宣传处希望左右海外视听（何种政府不如是?）事诚有之。说他们说谎欺骗，则言之过甚。《追寻历史》里提供的制造统计数字，夸称战胜，获得"武器无算"等等并非蒋介石所发明，也非国民政府之新政策。而是中国传统社会之产物，而且因文化与组织而存在，可以追溯到中国历史深度里去。因为国家之构成即系金字塔倒砌，历来利用想象力及纪律的成分多，施展实际技能的力量少,真理总是由上至下,其"假信为真"(Make Believe)既如"皇帝之新衣",尚且与詹姆士(William James)所提倡"以意志力去相信"(Power to believe)接近。这一套只能在简单农村社会闭关自守,因此知识分子能担当其成果,又不向其他人负责才能广泛的利用,此亦中国官僚主义之一大特色(与犹太人为一种城市文化私人财产权巩固最为径庭)。蒋介石承袭这办法,乃因新的下层组织尚未构成,法制未备,统计无从着实,这也是我经常提及中国"不能在数目字上管理"之由来。所以国民政府至此自食其果,并非创造原因,所谓"歼敌三万",前锋部队却又向后方"转进",并非仅以蒙蔽友邦,实际也在欺哄自己,所以也可以当作当日骑虎难下苦肉计中之一部。

我们在1940年代对白氏生气,不仅因他使我们的幻梦无法实现,而且我们已经难于维持的士气,至此更一落千丈。1949年后我在东京驻日代表团任团长之随从副官,团长朱世明将军就常向美国新闻记者发牢骚:"要是希特勒取得邓魁克之日,有了你们诸位先生高唱英国完了,英国也可能真的完了。"有时白修德的上司前国际新闻处处长董显光也在座。

可是几十年后看来,白修德在追寻历史,他并未制造历史。他在《雷霆后》里已写出:"在我们这一代希望中国安定,可算幼稚。中国若不改变,则会死亡。"同时他在《寻觅历史》里也写出,国民政府控制着前方的军队,与军阀构成必要之联盟,又靠着仅有的几条公路下达乡镇,内有保甲。所谓政府仅此而已。保甲之下,另有政府。这样,即自他的文字看来,国民政府和蒋介石对新中国的贡献,乃是制造一种高层机构，完成抗战，使中国不致沦亡。要想改造中国的低层机构，则除非大规模的输血，只有开刀。如此也可以看穿共产党与毛泽东所走的路线了。总之，使一个庞大的农村社会改造而为一个商业化，凡事用数目字管理的社会，已不是道德问题，而为一种技术问题。我们一定要从生理上想，有等于一个动物之脱胎换骨。1940年间，白修德和我们自己都没有看穿当前问题之庞大。即蒋毛杜马诸人也不可能一眼看穿他们所面临问题之实质，因缺乏历史之纵深也。

  1960年间白修德向《新闻周刊》的访问者说起，他以前没有看清蒋介石手中问题之复杂。我因共同友识的介绍，写了一封信给他，他也回了一封很友谊的复信，嘱我任何时去纽约，可以告诉他，他将邀我一饮，只因彼此各处奔走（我当日在密歇根和伊利诺，以后又去英国；他在这期间写每四年一度的大选），这邀请未曾兑现。1979年中国大为开放；我又写了一封短信给他。至此我对高层机构与低层机构的看法较前更为坚定（重订上下间法制性之联系仍为艰巨的工作）。只是也不愿在大作家面前自称此为个人创意，所以嘱他此信过目之后可以归档于字纸篓，信去之后，也已忘却。不意一年五个月之后收到他的复信，影制如件。这次由他提议看我，可是我也始终没有接到过他的电话。如是又五年。1986年一个早晨阅报，发现上有白修德的讣闻与照片，他已因心脏病发作而去世。现在距他逝世又已五年，这信之发表似可当作历史文件看待了。

1991年6月24日《中国时报》人间副刊

THEODORE H. WHITE　　　168 EAST 64 STREET　　　NEW YORK, N. Y. 10021

February 24, 1981

Ray Huang
10 Bonticouview
New Paltz, N. Y. 12561

Dear Dr. Huang:

　　I send you a quick note of apology. You wrote me a letter on September 25, 1979 which I read and enjoyed.

　　I have this week read your letter again and have been astouned by how much more significantly it reads now than then.

　　I have not, as you suggested, "simply filed this letter with (my) wastebasket." I will keep it. It's good thinking.

　　If I pass through New Paltz any time in the near future, I will try to telephone you and perhaps we can catch a drink together.

Sincerely yours,

Theo White

Theodore H. White

THW: hhg

亲爱的黄博士:

　　我谨以这封短笺向您致歉。您曾在1979年9月25日给我写了一封信,我当时就读了而且十分喜欢。

　　本周我把那封信重读了一遍,发现它的意义远比我初读时领会的深重长远。我为此惊叹。

　　我并没有照您说的"读完这封信就把它扔进字纸篓"。我要把它保存起来,因为信中所述的思想十分之好。

　　如果我近期内路过新港,我会打电话给您,没准我们可以一起喝一杯。

诚恳的,白修德(签名)